8º R
15527

L'ENFANT BIEN ÉLEVÉ

ou

PRATIQUE DE LA CIVILITÉ CHRÉTIENNE

Tout exemplaire qui ne sera pas revêtu des trois signatures ci-dessous sera réputé contrefait.

Les Éditeurs,

Les ouvrages suivants se trouvent aux mêmes adresses.

Livre-Tableau, format in-plano.
Syllabaire, in-18.
Premier livre de Lecture, in-18.
Syllabaire et Premier Livre, in-18.
Vie de N.-S. Jésus-Christ, in-18.
Devoirs du Chrétien, in-12.
Lectures courantes, in-12.
* Lect. instructives (manuscrit), in-12.
Abrégé de Grammaire, in-18.
Grammaire française, in-12.
Cours élém. d'Orthographe, in-12.
* Cours intermédiaire d'Orthographe, in-12.
* Cours d'Analyse, in-12.
* Exercices orthographiques, 2v. in-12.
* Leçons de Langue française : Cours préparatoire, élémentaire, moyen, supérieur, 4 vol. in-12.
Petite Histoire sainte, in-18.
Cours moyen d'Histoire sainte, in-16.
Cours supérieur d'Hist. sainte, in-12.
Histoire sainte et de France, in-18.
Histoire sainte et de France, in-12.
Hist. de France : Cours élém., moyen, supér., 3 vol. (in-18, in-16, in-12).
Chronologie de l'Hist. de France, in-12.
45 Leçons de Géographie, in-12.
Petite Géographie, in-18.
Géographie : Cours élém., moyen, supérieur, 3 vol. (in-18, in-16, in-12).
Atlas A, de 8 cartes, in-8º.
Atlas B, C, D, E, in-4º, contenant: 8, 14, 30, 36 cartes.

Petite Arithmétique, in-18.
Abrégé d'Arithmétique, in-18.
* Exercices de Calcul, in-18.
* Recueil de Problèmes, in-18.
* Petit Système métrique, in-18.
* Les fractions, in-18.
* Traité d'Arithmétique décim., in-12.
Réponses aux Probl. du Traité, in-12.
* Arithmétique, Cours élémentaire, in-18.
* Arithmétique, Cours moyen, in-16.
* Arithmétique, Cours supér., in-12.
* Recueil de Problèmes, in-12.
* Géométrie, Cours élémentaire, in-12.
* Géométrie Cours moyen, in-12.
* Géométrie, Cours supérieur, Enseignement primaire, in-12.
Manuel d'Arpentage, in-12.
Petit Questionnaire, in-18.
Manuel des commençants, in-18.
* Cours élém., Tenue des Livres, in-12.
Chants pieux (texte), in-18.
Les mêmes, avec musique, in-18.
Éléments d'Arithmétique, d'Algèbre, de Géométrie, de Trigonométrie, d'Arpentage, de Géométrie descriptive, de Cosmographie, Mécanique, 8 vol. in-12.
Exercices (maître) d'Arithmétique, d'Algèbre, de Géométrie, de Trigonométrie, de Géométrie descriptive, Mécanique, 6 vol. in-12.

Nota : Aux ouvrages marqués * correspond un **Livre du Maître.**

L'ENFANT BIEN ÉLEVÉ

OU

PRATIQUE

DE LA CIVILITÉ CHRÉTIENNE

PAR

LES FRÈRES DES ÉCOLES CHRÉTIENNES

———◆———

CHEZ LES ÉDITEURS

TOURS	PARIS
ALFRED MAME & FILS	CHARLES POUSSIELGUE
Libraires-Éditeurs	Rue Cassette, 15

TABLE DES MATIÈRES

PREMIÈRE PARTIE

CONDUITE EN GÉNÉRAL ET MAINTIEN

1. — Conduite en général	1
2. — Maintien en général	3
3. — Maintien dans les différentes situations	6
4. — Propreté	8
5. — De la tête, des cheveux, des oreilles	10
6. — Bienséances relatives au visage, au nez, etc.	12
7. — Bienséances relatives à la bouche	14
8. — La physionomie	15
9. — Des yeux et des regards	18
10. — Le parler	20
11. — Le rire	23
12. — Des bras et des mains	25
13. — Des jambes et des pieds	27

DEUXIÈME PARTIE

ACTIONS ORDINAIRES ET RELATIONS DE FAMILLE ET DE SOCIÉTÉ

14. — Du lever et du coucher	28
15. — Soin des vêtements et autres objets	31
16. — Nourriture. — Repas	34
17. — Repas au collège ou à la pension	39
18. — Le salut	41
19. — Souhaits	43
20. — Conduite à l'égard des parents	44
21. — Témoignage d'une mère	46
22. — Relations avec les aïeuls	48
23. — Relations entre frères et sœurs	50
24. — Conduite comme élève	52
25. — Conduite entre égaux	56
26. — Récréation entre élèves	58
27. — Relations d'amitié	60

28. — Divertissements. — Jeu.	62
29. — Conduite envers les vieillards.	65
30. — Relations avec différentes personnes.	67
31. — Voisinage et cohabitation.	70
32. — Conversation.	71

I. Respect de la religion et de la morale.
II. Respect des personnes et des usages.

33. — Conversation (suite).	76

III. Respect de la vérité.
IV. Respect de la réputation et pratique de la charité.

34. — Conversation (suite).	81

V. Modestie et humilité.

35. — Conversation (suite).	84

VI. Prudence.

36. — Éloges. — Flatterie.	88
37. — Lectures.	90
38. — Lettres. — Correspondance.	92
39. — Chant, musique.	99
40. — Un chant dans l'esclavage	102
41. — Conduite d'un enfant dans une société	103
42. — Des visites : obligation d'en rendre.	105
43. — Conduite pour les visites.	106
44. — Visites reçues	110
45. — Conduite à la maison.	112
46. — Conduite sur la voie publique	113
47. — Promenade.	115
48. — Voyages. — Promenades à cheval ou en voiture.	117
49. — Particularités	119

I. A la bibliothèque.
II. Soin des objets empruntés.
III. Attendre son tour.
IV. Bonté envers les animaux.
V. Objets reçus ou présentés.
VI. Être reconnaissant.
VII. Cartes de visite.
VIII. Usages locaux.
IX. Réunions, séances.
X. Images et statues.

50. — Présents reçus ou donnés.	124
51. — Répréhension. — Blâme. — Injures.	125
52. — Support des défauts	127
53. — État de pauvreté.	129
54. — Pratique de la charité	130
55. — Services funèbres	133
56. — Conduite à l'église.	135
57. — Première communion.	138
58. — Conduite relative à la religion	141

PRÉFACE

Cet ouvrage, composé surtout pour les enfants, leur servira tout à la fois pour apprendre à bien lire et à bien vivre.

Il a pour objet la bienséance ou la politesse, et la montre en action dans un jeune adolescent.

Il revêt une teinte religieuse prononcée, afin d'être véritablement, comme l'indique le titre, un traité de civilité *chrétienne*, c'est-à-dire conforme aux maximes de Notre-Seigneur Jésus-Christ.

En le rédigeant, nous nous sommes inspiré des pensées du bienheureux Jean-Baptiste de la Salle, exprimées dans la préface de la Civilité parue sous son nom.

« Il est surprenant, y est-il dit, que la plupart des chrétiens envisagent la bienséance et la civilité seulement comme une qualité humaine et mondaine, et que, ne pensant point à élever leur esprit plus haut, ils ne la considèrent pas comme une vertu qui a rapport à Dieu, au prochain et à nous-mêmes.

« Il n'est aucune de nos actions qui ne doive être sainte et faite pour des motifs purement chrétiens. Il faut donc que toutes celles que règle la bienséance aient aussi ce caractère.

« C'est à quoi les parents et les maîtres ne sauraient apporter trop d'attention. En exposant aux enfants les règles de la bienséance, ils doivent leur recommander de les mettre en pratique par des motifs purement chrétiens, qui regardent la gloire de Dieu et le salut. Leur dire que, s'ils ne font pas telle chose, on les blâmera, on les tournera en ridicule... ne tendrait qu'à leur inspirer l'esprit du monde et à les éloigner de celui de l'Évangile.

« Lors donc qu'ils voudront les porter à garder la bienséance relative au maintien ou la modestie, ils auront soin de les y engager surtout par le motif de la présence de Dieu.

« S'ils leur apprennent les pratiques de bienséance relatives à autrui, ils les engageront à ne donner ces témoignages de bienveillance, de respect et d'honneur que comme à des frères de Jésus-Christ, à des membres de son corps mystique, à des temples du Saint-Esprit..., en sorte que ce soit toujours Dieu qu'ils honorent en la personne du prochain.

« On les formera ainsi à sanctifier toutes leurs actions, et l'on donnera lieu de distinguer la civilité chrétienne de celle qui n'est que mondaine. »

Tout en donnant à notre traité de politesse cette teinte religieuse, nous l'avons rendu assez complet sous le rapport des usages du monde, pour que les enfants y trouvent suffisamment ce qu'il leur importe de connaître.

Puisse-t-il contribuer à l'éducation morale et religieuse de ceux auxquels il est destiné, et les aider à se conduire toujours dignement devant Dieu et devant les hommes : c'est toute notre espérance, comme c'est notre unique but.

L'ENFANT BIEN ÉLEVÉ

ou

PRATIQUE DE LA CIVILITÉ CHRÉTIENNE

PREMIÈRE PARTIE

CONDUITE EN GÉNÉRAL ET MAINTIEN

---

1. — CONDUITE EN GÉNÉRAL

Victor est un enfant bien élevé, qu'on peut considérer comme un modèle de savoir-vivre. Ses parents et ses maîtres lui ont donné une excellente éducation, basée sur la raison et sur les principes de la religion chrétienne.

Ils l'ont tout particulièrement formé à la politesse, la lui faisant considérer surtout comme un ensemble de devoirs dont Dieu veut l'accomplissement, et lui faisant comprendre qu'elle est essentielle à la bonne éducation et indispensable pour la réussite dans la société.

Aussi en observe-t-il avec fidélité les différentes prescriptions : il surveille constamment sa tenue, ses paroles, ses démarches, afin de ne blesser en rien les convenances et d'être pour tous un sujet d'édification.

Il sait se gêner pour ne pas gêner les autres, et renoncer à sa volonté pour faire la leur. Jamais il ne contristerait qui que ce soit. Selon le précepte de Jésus-Christ, il agit envers le prochain comme il voudrait que l'on agît envers lui dans les mêmes circonstances. Il fait tout ce qui lui est possible pour que les gens qui sont en rapport avec lui soient satisfaits de ses procédés et contents d'eux-mêmes.

Sa famille, après avoir été pauvre, se trouve maintenant dans l'aisance; mais il ne s'en prévaut pas et ne manifeste aucune prétention. Modeste dans sa mise et ses manières, comme il l'est dans ses pensées, il se plaît dans la simplicité, et ne cherche point à se distinguer des personnes de sa condition. Il agit de même relativement aux qualités naturelles dont il est favorisé : il en rend hommage à Dieu, de qui il les tient, et prend bien garde à ce qu'elles ne lui soient jamais un sujet de s'enorgueillir.

S'il était pauvre ou dépourvu des dons de la nature, il n'en concevrait ni dépit, ni tristesse, ni jalousie. Il irait plus loin : s'inspirant de la religion, il s'estimerait heureux de souffrir pour Jésus-Christ les peines et les désagréments de son état.

Voulant, selon le précepte de saint Paul, *ne rester redevable à personne,* Victor est très soumis à ses supérieurs et plein d'égards et de prévenances envers ses égaux et ses inférieurs.

On peut dire, en un mot, que sa conduite est toujours convenable. Elle lui est, en outre, inspirée par les plus nobles motifs. Il ne se propose pas pour but, en observant les règles de la politesse, de se faire estimer, d'éviter d'être blâmé ou ridiculisé, car ce serait agir selon l'esprit du monde et s'éloigner de celui de l'Évangile : sa pensée porte plus haut.

S'il veille avec soin sur son maintien, c'est surtout par respect pour la présence de Dieu ou pour celle de son saint ange gardien. S'il obéit avec une entière soumission à ses supérieurs, c'est qu'il voit en eux les dépositaires de l'autorité de Dieu. S'il témoigne tant de déférence à ses égaux et même à ses inférieurs, c'est qu'il les considère comme les membres mystiques de Jésus-Christ et comme les temples du Saint-Esprit.

Il fait de même pour tous les autres devoirs que rappelle ou indique la politesse : il les sanctifie en les rapportant à Dieu.

Sa vie est ainsi la pratique de la civilité *chrétienne*, qui, tout en réglant l'extérieur des actions selon les usages de la bonne société, leur donne pour motif un bien de l'ordre de la grâce et les rend méritoires pour le ciel.

Maximes et conseils.

Faites envers les autres ce que vous voudriez qui vous fût fait. (S. Matth. vii, 12.)

Ne faites pas vos bonnes œuvres à dessein d'être vus des hommes. (S. Matth. vi, 1.)

Que chacun ait égard non à ses propres intérêts, mais à ceux des autres. (Philip. ii, 4.)

Prévenez-vous les uns les autres par des témoignages d'honneur et de déférence. (Rom. xii, 10.)

Que tout se fasse avec ordre et bienséance. (I Cor. xiv, 40.)

Faites le bien non seulement devant Dieu, mais aussi devant les hommes. (Rom. xii, 17.)

En quelque endroit que vous soyez, respectez la présence de votre ange gardien. (S. Bernard.)

Agissez en toute circonstance comme si vous aviez mille témoins. (Mme de Maintenon.)

2. — LE MAINTIEN EN GÉNÉRAL

Il faut que notre maintien, c'est-à-dire l'ensemble des attitudes et des mouvements de notre corps, n'ait rien que de digne et de bienséant, soit que nous soyons seuls, soit que nous soyons en société.

Nous le devons à la présence de Dieu, devant qui nous sommes constamment, et à celle de notre ange gardien, de ce prince du ciel qui est notre inséparable compagnon durant notre vie d'ici-bas. Nous le devons à nous-mêmes, parce que nous sommes les enfants de Dieu, les frères de Jésus-Christ, les cohéritiers de sa gloire, et que notre corps est devenu, par le baptême, le temple du Saint-Esprit.

Nous le devons aux personnes avec qui nous sommes en rapport : notre tenue, si elle est convenable, témoigne que nous les respectons; dans le cas contraire, elle leur serait une offense.

Nous le devons au soin de notre réputation. *Le vêtement, le rire, la démarche de l'homme*, dit le Sage, *font connaître ce qu'il est*. L'extérieur révèle les dispositions de l'âme, et l'on est porté à nous estimer lorsqu'il est bienséant, et à nous déprécier ou mépriser lorsqu'il ne l'est pas.

On peut citer à ce propos l'exemple de Julien l'Apostat. Il étudiait à Athènes avec saint Basile et saint Grégoire de Nazianze. Or son maintien suffit pour leur faire découvrir le déréglement de son esprit. Ses yeux étaient vifs, mais égarés; il avait le regard fier, l'air dédaigneux et insolent; il faisait des grimaces ridicules et des signes de tête sans sujet; il riait sans mesure et avec de grands éclats. Souvent il proposait des questions impertinentes, et quand on l'interrogeait, il répondait d'une manière obscure et embarrassée.

Tout cela, joint à d'autres défauts que, malgré son hypocrisie, il ne pouvait dissimuler, fit dire de lui par saint Grégoire : « Quel monstre l'empire nourrit dans son sein ! »

Il en était tout autrement de saint François de Sales. Rien de plus convenable, et en même temps rien de plus naturel et de plus aisé que sa tenue et ses démarches. Son extérieur manifestait tout à la fois la gravité, le sentiment de la dignité personnelle, et la joie la plus douce, la bonté la plus affectueuse. Il suffisait de l'envisager pour se sentir porté à l'admirer et à l'aimer; car il paraissait une vivante image de Notre-Seigneur Jésus-Christ.

Le maintien conforme à la bienséance révèle un cœur vertueux, témoigne d'une bonne éducation et édifie le prochain. Il n'est jamais permis de s'en départir. Le froid, les incommodités, la maladie même n'autorisent pas une posture inconvenante, parce que en tout état on doit se respecter et respecter les autres.

Le bon maintien est favorable à la santé du corps et de l'âme; c'est un préservatif contre le mal et l'indice d'une conscience délicate: il est le gardien et le reflet de la vertu angélique.

Aussi Victor, cet enfant si bien élevé, veille-t-il avec le plus grand soin sur son extérieur. Pénétré du sentiment de la présence de Dieu et de celle de ses anges, il garde exactement la modestie; et soit seul, soit avec un égal, il ne se permet aucune posture ni aucun geste qu'il n'oserait prendre ou faire en présence d'un supérieur.

On remarque en lui une gravité douce qui lui concilie l'estime, un certain air d'élévation provenant du sentiment de sa dignité comme homme et surtout comme chrétien, mais tempéré et réglé par la modestie et l'humilité.

Rien dans sa tenue et ses démarches ne manifeste la hauteur, la suffisance, la vanité, ni les autres défauts provenant de l'orgueil, le premier des vices. Rien non plus n'y révèle la négligence, la mollesse, le laisser-aller..., qui, procédant de la sensualité, témoignent de la bassesse des sentiments.

Il évite l'affectation, la gêne, tout ce qui le ferait paraître guindé. Mais il évite également la légèreté, le trop de mobilité, qui sont l'indice d'un esprit inconstant et superficiel. Ses mouvements sont naturels et non compassés, comme ceux d'un automate. Il ne change pas non plus à chaque instant de place ou de position. On n'aperçoit en lui ni manies, ni tics, ni habitudes bizarres.

On ne le voit point s'agiter ou gesticuler sans motif, s'étirer les bras en bâillant, s'appuyer contre le mur ou sur un meuble, tenir les mains dans ses poches, tourner étourdiment la tête de côté et d'autre, froncer le sourcil, se mordre les doigts, se ronger les ongles, pincer les lèvres, boucler ou tourner ses cheveux en compagnie, se passer la main sur le visage...; car tout cela est malséant.

Pour l'ordinaire, il se tient le corps droit et la tête droite. Sa pose est naturelle et aisée, et en même temps réservée et digne.

Cette constante attention sur son attitude et ses mouvements lui est moins pénible qu'on ne le croirait, parce que ses parents lui en ont fait contracter l'habitude dès le plus bas âge. D'ailleurs, quand même elle lui coûterait beaucoup, il ne s'en départirait point; car il est convaincu que le bon maintien est d'une souveraine importance et une condition essentielle du savoir-vivre.

3. — DU MAINTIEN DANS LES DIFFÉRENTES SITUATIONS

I. — DEBOUT

La mère de Victor lui parlait souvent des prescriptions de la politesse et lui en donnait parfois des leçons, qu'il écrivait en son particulier et qu'il relisait ensuite de temps à autre, en examinant s'il les mettait bien en pratique. Un jour elle lui exposa, sous forme de conseils, les principales règles du maintien. Elle lui dit : « Mon cher enfant, sois attentif, lorsque tu es debout, à ce que rien dans ton attitude ne manifeste la gêne ou la prétention, ni la nonchalance et le laisser-aller. Tiens les jambes étendues sans raideur et les pieds rapprochés par le talon sans se toucher. Que l'un de tes bras soit libre, et l'autre un peu replié.

II. — EN MARCHE

« En marchant, évite la précipitation, à moins qu'il ne s'agisse d'une affaire importante et pressée. Évite également la lenteur, qui révèle le manque d'énergie et qui te donnerait l'air d'un désœuvré.

« Laisse à tes bras un certain abandon, sans les balancer.

« N'appuie pas sur la pointe des pieds, comme certains qui paraissent plutôt sautiller que marcher.

« Prends des précautions pour ne pas te salir quand le chemin est boueux. Ainsi maintiens liés et un peu courts les lacets de ta chaussure, afin que les bouts n'en traînent point à terre; examine où tu poses le pied et ne lève pas brusquement le talon; à la rencontre d'une voiture, écarte-toi suffisamment pour ne pas être éclaboussé.

« Marche droit devant toi. Lorsque tu as à te retourner, ne le fais pas précipitamment.

« Que ton pas soit réglé, sans affectation. Veille aussi à ne pas balancer le corps ou, comme on dit, à ne pas clocher. Que ta marche, en un mot, n'ait rien de bizarre; mais qu'elle soit toujours convenable.

III. — ASSIS

« Lorsque tu dois t'asseoir, accepte le siège qu'on te présente, sinon prends celui qui te paraît le moindre, le choisissant plutôt haut que trop bas. Si l'on t'offre un fauteuil, refuse poliment; si l'on insiste, accepte, mais en évitant de t'y enfoncer comme pour prendre tes aises.

« Étant assis, évite de te tenir courbé et de trop t'appuyer contre le dossier; aie la tête légèrement inclinée sur la poitrine, les jambes posées verticalement et les genoux un peu rapprochés l'un de l'autre.

« Ne te permets jamais de te placer en travers sur la chaise, de croiser les jambes, de les allonger négligemment, de les balancer, de prendre tes genoux dans tes mains ou de les mettre l'un sur l'autre, de t'accouder nonchalamment, de croiser les pieds, de les appuyer sur un barreau de chaise, de te pencher à droite ou à gauche, de te renverser sur le dossier ou de trop te courber en avant, de te tenir le coude sur le genou et la tête appuyée sur la main ; car tout cela est messéant.

« Lorsque tu es assis avec d'autres sur un banc, reste tranquille afin de ne pas les déranger en le faisant osciller ou en les coudoyant.

« En écrivant, tiens le corps presque droit, rapproché du bureau ou de la table, du côté gauche, sans la toucher.

IV. — COUCHÉ

« Sois également attentif à ta tenue quand tu te couches pour le repos de la nuit. Étends-toi tout de ton long, en inclinant un peu sur le côté droit, car c'est la position la plus convenable et qui favorise le mieux le sommeil.

V. — A GENOUX

« C'est surtout quand tu es à genoux pour prier qu'il faut surveiller ton maintien : ton extérieur doit être alors par lui-même une expression de tes sentiments d'adoration et d'amour.

« Évite de tenir la tête élevée, de la mouvoir sans sujet, de trop te courber sur l'accoudoir du banc ou du prie-Dieu, de te cacher le visage dans les mains, de passer les doigts dans tes cheveux, de regarder de côté et d'autre, de croiser les pieds, de les rapprocher par le bout, de t'accroupir sur les talons...

« Si tu es à genoux sur un escabeau, fais en sorte que tes pieds ne restent pas suspendus, mais appuient à terre par l'extrémité.

« Que tout en ton attitude et tes mouvements manifeste la foi et la piété, et contribue à édifier le prochain. »

4. — PROPRETÉ

La propreté se lie étroitement au respect de nous-mêmes et au respect du prochain ; c'est pourquoi elle est également prescrite par la politesse et par la charité.

Elle est une condition essentielle du savoir-vivre : on se plaît naturellement avec ceux en qui on la remarque, tandis qu'on éprouve plus ou moins de répulsion pour ceux qui la négligent.

Ne pas se tenir propre, c'est témoigner que l'on n'a pas le sentiment de sa dignité personnelle ni de celle des personnes avec qui l'on est en relation. C'est en outre exposer sa santé et parfois aussi la santé des autres; car, comme l'attestent tous les médecins et que le confirme l'expérience, la malpropreté est le principe de beaucoup de maladies.

Par ces motifs, et surtout parce que c'est un devoir qu'il sait être conforme à la volonté de Dieu, Victor se surveille constamment sous ce rapport, et s'il n'est point recherché dans son extérieur, du moins il n'est jamais rebutant : il se tient aussi propre qu'il lui est possible dans sa condition.

Il a tout particulièrement soin de ses vêtements et des autres objets à son usage, afin de ne pas les salir; il fait aussi tout ce qui dépend de lui pour que la propreté règne dans la maison de ses parents et aux abords.

Quel contraste entre lui et deux enfants sans éducation avec lesquels il vécut quelques jours à la campagne !

Ils négligeaient de se laver avec soin le visage, les oreilles et les mains aussitôt qu'ils étaient levés.

Ils enlevaient avec leur salive les taches qu'ils pouvaient avoir sur leur visage ou sur leurs mains.

Ils se grattaient la tête devant le monde; ils nettoyaient leurs dents ou leurs oreilles avec les ongles. Ils regardaient dans leur mouchoir après s'être mouchés.

L'aîné se portait souvent les doigts dans le nez, et semblait se faire un jeu d'attirer l'attention sur des objets malpropres ou dégoûtants.

Le plus jeune mâchait du papier, dont il faisait une pâte, qu'il ramenait sur ses lèvres.

L'un et l'autre négligeaient d'essuyer leurs pieds en entrant dans une maison, et salissaient l'escalier d'abord, puis les appartements, laissant partout des traces de leur passage[1].

Victor n'a aucun de ces travers ou de ces défauts. Il ne cesse de montrer, par sa tenue et ses démarches, qu'il a reçu une bonne éducation, et qu'il observe les règles de la bienséance relatives à la propreté, aussi fidèlement que celles qui ont rapport au maintien du corps et aux relations de famille ou de société.

5. — DE LA TÊTE

I. — MAINTIEN DE LA TÊTE

Victor tient habituellement la tête droite et légèrement inclinée sur le devant, sans raideur comme sans laisser-aller. Il évite de la pencher de côté, de la baisser sur la poitrine, de la renverser, de la dandiner, de la tourner avec précipitation ou par étourderie. Il veille à ce que les mouvements n'en soient ni brusques ni trop fréquents, mais réglés et naturels.

Lorsqu'il a à répondre *oui* ou *non*, il ne le fait point par un signe de tête, mais de vive voix, et en ajoutant le titre de la personne à qui il s'adresse.

Il se découvre chaque fois que le demande la bienséance.

Il évite, surtout en société, de se gratter la tête, les oreilles, le nez, de passer les doigts dans ses cheveux, car c'est malpropre et impoli.

Chaque matin, dès son lever, il se lave à l'eau fraîche le visage, le cou, les oreilles, et le fait très bien, parce qu'il considère la propreté comme une vertu et comme le premier et le moins coûteux des moyens hygiéniques. Il ne conçoit pas certains enfants douillets qui, en hiver surtout, ne font que passer

---

[1] *Abbé Gauthier*, TRAITS CARACTÉRISTIQUES D'UNE MAUVAISE ÉDUCATION.

légèrement le linge sur le visage et laissent s'encrasser le cou et les oreilles.

II. — DES CHEVEUX

La propreté des cheveux est prescrite par l'honnêteté et par l'hygiène : elle est une marque de respect envers la société et contribue en même temps à la santé. Se négliger sur ce point serait causer de la répugnance aux personnes avec qui l'on est en rapport, et s'exposer à des maladies ou à des incommodités d'autant plus regrettables qu'il était plus aisé de les prévenir.

Aussi Victor prend-il un soin raisonnable de sa chevelure. Il est exact à se peigner et, au besoin, à se brosser la tête dès qu'il s'est lavé, et à nettoyer aussitôt le peigne et la brosse. Il préfère que ses cheveux soient plutôt courts que trop longs, et demande à propos à ses parents de les lui faire couper.

Comprenant que le soin exagéré de la toilette est incompatible avec la modestie chrétienne et dénote un petit esprit esclave de la vanité, il n'emploie à l'arrangement de ses cheveux que le temps rigoureusement nécessaire. Il lui paraît absurde et même coupable que des chrétiens, destinés à être couronnés de gloire dans le ciel, se préoccupent outre mesure d'orner leur tête, qui deviendra sous peu la proie des vers; et il juge que tout homme sérieux considère comme perdus les instants passés devant un miroir.

III. — DES OREILLES

L'hygiène et la bienséance prescrivent, par rapport à l'organe de l'ouïe, des soins et des attentions auxquels n'aurait garde de manquer l'enfant bien élevé dont nous retraçons la conduite. Il ne se borne pas à se laver les oreilles chaque jour; il les nettoie fréquemment à l'intérieur, mais non en compagnie, car ce serait inconvenant. Il se sert pour cela d'un cure-oreille ou d'un linge fin, et non du doigt, d'une épingle ni d'une plume.

Jamais il ne lui viendrait en pensée de souffler ou de crier dans l'oreille de quelqu'un, comme font parfois certains enfants sans éducation, qui ne réfléchissent pas que c'est tout aussi dangereux qu'impoli.

S'inspirant de la foi chrétienne, dont il fait la règle de sa vie, Victor pense souvent que le bon Dieu, qui a tout créé pour sa gloire et notre salut, nous a donné le sens de l'ouïe surtout pour entendre sa parole sainte et les enseignements de son Église. Aussi ferme-t-il l'oreille à tous les mauvais propos, à toute chanson inconvenante, tandis qu'il se fait un grand plaisir d'écouter le prône, le catéchisme, les chants sacrés, les pieuses lectures, les entretiens édifiants, tout ce qui peut lui inspirer des sentiments élevés, développer en lui l'amour du vrai, du beau et du bien, entretenir la piété, l'aider à se conserver vertueux et à se conduire en véritable enfant de Dieu et de l'Eglise.

6. — BIENSÉANCES RELATIVES AU VISAGE, AU NEZ, ETC.

Victor se maintient le visage très propre. Il se le lave non seulement le matin, mais aussi pendant le jour, chaque fois qu'il en est besoin. Il ne s'essuie qu'à un linge blanc, afin de prévenir les dartres et les furoncles que peut occasionner le contact d'un linge sale. Par le même motif, il s'abstient de se toucher souvent le visage avec les doigts ou les mains, surtout lorsqu'il est en sueur. Il s'en abstient plus scrupuleusement encore lorsqu'il est en société.

On lui a appris à considérer comme incivil et comme intolérable, même en de petits enfants, de remuer les joues pour grimacer, de les enfler, de les battre des mains.

Jamais il ne se laisserait aller à frapper quelqu'un au visage, sachant que ce ne peut être que l'effet d'une colère aveugle. Dans le cas où on lui ferait à lui-même cet outrage, il se rappellerait Jésus souffleté durant sa passion, et, à son exemple, il n'aurait pour ceux qui l'auraient frappé que des sentiments de charité et des paroles de pardon.

Victor observe de même avec soin les règles de la bienséance relatives à l'organe de l'odorat. Il évite de porter les doigts aux narines, parce que c'est répugnant et peut produire une irritation. Il est également attentif à ne point renifler, nasiller, grimacer du nez, ou plutôt à ne contracter au sujet de cet organe aucun tic, aucune habitude messéante.

Comme l'action de se moucher est en soi désagréable, il y apporte les précautions nécessaires pour ne causer de répugnance à personne.

Inutile de faire remarquer qu'il ne se mouche jamais avec les doigts : ce n'est toléré, dit-on, que parmi les sauvages. Il a toujours un mouchoir suffisamment propre. Lorsqu'il s'en sert, il se détourne un peu des personnes présentes; après s'être mouché, il le replie par les angles sans y regarder et le remet en poche.

Il n'utilise que le revers, qu'il reconnaît, dans l'obscurité, en palpant l'ourlet du bout des doigts.

En se mouchant, il ne fait que le moins de bruit possible.

Si quelqu'un de la société parle ou lit à haute voix, il évite, s'il le peut, de se moucher, ou du moins il le fait de manière à n'occasionner aucun dérangement.

Sachant que c'est contraire à la politesse de gesticuler avec son mouchoir, de le garder longtemps à la main, de le laisser tomber à terre, de le poser sur une table, une chaise ou tout autre meuble, il le tient dans sa poche et ne l'en sort qu'au besoin.

Il ne lui viendrait point en pensée de tirer le mouchoir de quelqu'un ; car c'est une impolitesse inconnue parmi les gens qui se respectent.

Lorsque Victor est en société et qu'il a besoin de tousser, il se détourne, s'incline un peu, se couvre la bouche avec son mouchoir, ou avec le bord de sa serviette si l'on est à table, et atténue le bruit autant qu'il le peut. Il prend les mêmes précautions quand il a besoin d'éternuer[1] ou de cracher.

A l'église, par respect pour la maison de Dieu, il crache dans son mouchoir, à moins qu'il n'y ait à cette fin une petite boîte contenant du sable, de la cendre ou de la sciure de bois. Il fait de même dans les appartements, par simple convenance.

Jamais il ne se permettrait de cracher sur le parquet, dans le feu, par la fenêtre, sur le mur,... parce que c'est contraire à la politesse et à la propreté, et dénote un manque absolu d'éducation et de savoir-vivre.

7. — BIENSÉANCES RELATIVES A LA BOUCHE

Un jour, la mère de Victor, parlant à ses enfants réunis, leur exposait en ces termes les bienséances relatives à la bouche : « Soyez fidèles à observer, relativement à la bouche, toutes les prescriptions de l'hygiène et de la politesse. Ayez soin de vous la laver tous les matins et, en outre, chaque fois que vous avez pris des aliments donnant mauvaise haleine ou laissant quelque trace sur les lèvres.

Prenez bien garde de ne pas y introduire un bouton, une épingle ou tout autre objet analogue, car c'est malpropre et dangereux : il est souvent arrivé que des enfants qui avaient cette manie, ont avalé avec leur salive une épingle, un bouton de cuivre, une pièce de monnaie..., dont ils ont été très incommodés ; plusieurs même en sont morts.

« Soyez attentifs, dans les repas, à ne point vous remplir la bouche de manière à gêner la respiration, et à ne pas parler ni boire avant d'avoir avalé votre bouchée.

« Nettoyez-vous souvent les dents avec une brossette ou un linge humecté. Si quelque débris d'aliment

---

[1] Il n'est plus guère d'usage, surtout dans les villes, de saluer la personne qui éternue.

s'y trouve arrêté, dégagez-le à l'aide d'un cure-dent ou d'un bout de plume d'oie, et non, comme certains, avec les doigts, une épingle, une fourchette...; mais évitez de le faire en compagnie.

« Laissez à votre bouche sa forme naturelle. Tenez-la habituellement fermée, sans pincer les lèvres ni serrer les dents ; veillez à ne pas l'avoir ouverte ou béante, ce qui vous donnerait un air niais.

« Quand vous chantez ou que vous parlez à haute voix, ouvrez-la suffisamment, mais pas trop, afin de ne point paraître grotesque et ridicule.

« Ne vous laissez jamais aller à faire la moue, à vous mordiller les lèvres, à les tirer avec les doigts, à les replier, à grimacer ; car ce sont des impolitesses, et en même temps des imprudences qui tendent à déformer la bouche.

« N'ayez garde non plus d'imiter certains enfants sans éducation, qui mâchent du papier, se rongent les ongles, tendent la langue, enlèvent des taches avec leur salive, se noircissent les dents, s'en servent pour dénouer des cordes, casser des noyaux, soulever des poids, ne réfléchissant point qu'ils se les gâtent, et qu'un jour ils auront tout sujet de déplorer ces travers.

— Maman, demanda la sœur aînée de Victor, quel moyen employer pour nous soutenir dans l'attention à ces différentes règles ?

— Il faut, répondit la mère, vous rappeler souvent que la bouche est l'organe de la parole ; que la vôtre, comme celle des autres chrétiens, a été consacrée à Dieu par le baptême ; qu'elle a été ou qu'elle sera sanctifiée par la réception de l'Eucharistie ; que si, comme je l'espère, vous mourez saintement, elle sera employée, après la résurrection, à chanter dans le ciel, avec les anges, les louanges de Dieu. »

8. — LA PHYSIONOMIE

La physionomie, c'est-à-dire l'ensemble des traits du visage, exprime tout naturellement nos dispositions intérieures : elle est le miroir de l'âme. Chez les uns, elle est l'interprète de la pudeur et du respect; en d'autres, hélas! elle l'est de la dépravation du cœur.

Rien ne plaît comme la physionomie de l'enfant vertueux, sur laquelle on lit la candeur et l'innocence, de même que rien n'attriste plus que celle de l'enfant vicieux, où s'étalent l'impudeur et l'effronterie.

A l'air du visage, dit Salomon, *on connaît l'homme de bon sens. La bonté ou la malice du cœur rend le visage bon ou mauvais.* Il faut donc, autant qu'il dépend de nous, composer nos traits de manière à édifier le prochain et à nous rendre estimables et aimables.

C'est ce que fait Victor. Ses parents et ses maîtres n'ont rien négligé pour qu'il ait une physionomie heureuse : ils l'ont repris chaque fois qu'il faisait une grimace ou qu'il imitait les traits de personnes peu convenables. Surtout ils se sont appliqués à le former à l'amour du bien, persuadés que les nobles et religieux sentiments qu'ils lui inspiraient resplendiraient d'eux-mêmes sur son visage.

Docile à leurs leçons et fidèle à la grâce, il a conservé l'innocence et constamment progressé en humilité, en piété, en charité, en sagesse... Par cela même, il a donné à sa physionomie ce qu'elle a de beau, et qui n'est autre que le reflet des vertus qu'il pratique.

Il ne ressemble en rien à ces enfants capricieux dont la physionomie exprime tantôt une gaieté folle et tantôt la mauvaise humeur, la bouderie, sans qu'ils puissent rendre raison de ce changement. Son visage est à peu près toujours le même, parce que c'est le limpide miroir d'une âme pure, où habite l'Esprit-Saint, et qui ne se laisse aller ni à la mélancolie ni à aucune joie extravagante.

Victor rencontre bien, comme tout autre, des difficultés; mais alors sa pensée s'élève vers Jésus souffrant; il adresse une prière à ce divin Sauveur, et il en reçoit la grâce de rester tellement maître de lui-même, qu'aucune marque d'impatience ou de dépit ne se voit sur ses traits.

Il ne faut pas croire néanmoins que ce calme l'empêche de manifester des sentiments en rapport avec les circonstances. Il sait, selon l'expression de saint Paul, *se faire tout à tous*. Ainsi il n'aurait garde de montrer un visage joyeux en présence de personnes désolées, non plus qu'un visage triste dans une société enjouée, où l'on se récrée innocemment.

Il n'en serait pas de même si l'on y offensait le bon Dieu; car, à l'exemple de saint Bernardin de Sienne, il ne peut ouïr une parole inconvenante sans en être profondément peiné. Dès qu'un mot blesse la délicatesse de sa conscience, son front s'empreint de la rougeur subite qu'un ancien a appelée « la couleur de la vertu », et son visage se couvre d'un voile de tristesse.

Il rougit du mal, mais rien que du mal, et diffère ainsi des esclaves du respect humain, qui rougissent de remplir leurs devoirs religieux. Il ne peut que désapprouver leur conduite, convaincu que n'oser manifester au dehors la foi que l'on professe dans le cœur, c'est tout à la fois péché, lâcheté et déshonneur.

Il lui répugnerait d'exprimer, même sous forme de récréation ou de représentation sur la scène, les traits du vice, appréhendant, non sans motif, que l'apparence n'ait quelque influence sur le fond de son âme, et ne diminue en lui la délicatesse de conscience, l'éloignement pour le péché.

En résumé, ses traits ont quelque chose de céleste. Ils manifestent la sainteté de son âme et permettent de dire à son sujet : « Non, il n'y a rien au monde de plus beau que le visage d'un enfant ou d'un jeune homme vertueux. »

Maximes et conseils.

Il y a sur le visage de l'homme modeste une grâce qui le fait estimer avant même qu'il parle. (Eccl. XXXII, 14.)

Soyez joyeux avec ceux qui sont dans la joie; consolez ceux qui sont dans la tristesse, et pleurez avec ceux qui pleurent. (Rom. XII, 15.)

N'ayez point de respect humain. (S. Jacq. II, 1.

Ne rougisses pas de rendre hommage à Jésus-Christ et à son Évangile, qui est la vertu de Dieu pour sauver ceux qui croient. (Rom. I, 16. II Tim. I, 8.)

Le visage doit être gai sans dissipation, serein sans être trop libre, ouvert sans donner des marques d'une trop grande familiarité, et doux sans mollesse. (B. DE LA SALLE.)

9. — DES YEUX ET DES REGARDS

Nous avons vu que la physionomie est le miroir de l'âme. Cela est surtout vrai des yeux, qui, en effet, manifestent plus particulièrement les dispositions du cœur. Il est donc très important de leur donner le maintien demandé par la bienséance.

C'est à quoi s'applique Victor, l'enfant bien élevé. Il ne les tient pas fixés sur quelqu'un, car ce serait impertinence, ni grand ouverts sur un objet qu'il n'examinerait même pas, ce qui est le propre des distraits et des niais.

Il ne regarde pas inconsidérément de côté et d'autre, comme les étourdis, ni avec des yeux étincelants manifestant la colère ou le dépit.

Il ne conçoit pas que certains enfants puissent s'amuser à cligner de l'œil, à guigner, à se renverser les paupières, à ouvrir les yeux outre mesure, à les mouvoir avec rapidité, à n'en ouvrir qu'un seul, à regarder par-dessus l'épaule quelqu'un en signe de mépris, à contrefaire les myopes ou les louches, ce qui les prédispose à contracter eux-mêmes ces sortes d'infirmités. Il ne conçoit pas non plus que d'autres se laissent aller à larmoyer sans juste sujet, ce qui n'est dès lors que grimace et hypocrisie.

Son regard est habituellement calme, doux, respectueux. Il tient les yeux suffisamment ouverts pour distinguer les objets et ne pas s'exposer à des méprises.

En conversant, Victor évite de regarder constamment son interlocuteur, parce que ce serait contraire à la bienséance; mais il évite aussi de tenir continuellement les yeux baissés, ce qui lui donnerait un air guindé, timide et embarrassé.

Si la nature ne l'avait pas doué d'une vue agréable et que l'on ne pût y remédier, il ne s'en attristerait point, se disant en lui-même : « Dieu l'a voulu ainsi pour le plus grand bien de mon âme. »

Lorsqu'il est peiné, désolé même, on ne le voit point tenir les yeux fixés vers la terre dans l'attitude du découragement. Il les élève vers le ciel ou les arrête sur le crucifix et prie avec ferveur, et bientôt ils n'expriment que les sentiments de résignation et de confiance, que la grâce ravive en son cœur. Ne s'inspirant que de la foi, il reconnaît et adore les ordres de la Providence non moins dans le malheur que dans la prospérité.

Convaincu qu'un chrétien ne saurait avoir trop de circonspection dans ses regards s'il ne veut s'exposer à offenser Dieu, il les détourne de tout ce qui pourrait offenser la pudeur et exposer l'innocence, se conformant en cela à ce que prescrivent à la fois la religion et l'honnêteté, et se rappelant la parole de saint Augustin, que « l'œil impudique est le courrier ou l'indice d'un cœur corrompu ». Il veut, par la grâce, pouvoir dire avec Job : *J'ai fait un pacte avec mes yeux pour prévenir les mauvaises pensées,* et il ne s'arrête à considérer que des objets convenables, propres à l'entretenir dans l'amour et la pratique de la vertu.

A l'occasion des créatures il s'élève vers le Créateur : l'aspect du firmament, de la mer, de la campagne, la vue même d'une simple fleur, lui est un sujet d'adorer et de bénir la puissance, la sagesse et la bonté de la divine Providence.

En résumé, Victor est attentif à ne faire qu'un saint usage de ses yeux. Pour s'affermir dans cette disposition, il pense souvent qu'ils sont un don de Dieu et qu'il ne doit s'en servir que selon sa volonté ; qu'ils sont destinés à contempler Jésus-Christ dans sa gloire et à jouir des splendeurs du ciel. Se souvenant que les saints, qui sont nos modèles, ont veillé avec le plus grand soin sur leurs regards, il demande à Dieu la grâce de les imiter, afin de se conserver innocent et d'être admis un jour à participer à leur bonheur.

10. — LE PARLER

La parole, étant le principal moyen d'exprimer nos pensées et de communiquer avec nos semblables, doit revêtir des qualités extérieures qu'il importe de rappeler.

Il faut, quand on parle, donner à sa voix le timbre, l'intensité, le ton, les inflexions convenables, selon le sujet que l'on traite, les personnes à qui l'on s'adresse et les circonstances où l'on se trouve.

C'est à quoi s'étudie Victor. Il se dit en lui-même : « Comme l'on ne parle que pour se faire entendre, je ne dois pas crier, à moins que je ne m'adresse à des sourds; mais je ne dois pas non plus m'exprimer si bas, qu'il faille un effort d'attention pour m'ouïr. » Aussi parle-t-il juste assez haut pour être aisément entendu des auditeurs les plus éloignés.

Il prononce distinctement, et au besoin avec une lenteur calculée, chaque mot, chaque syllabe.

Il conserve à sa voix un timbre agréable, et fait toutes les inflexions que comporte le sujet, mais sans exagérer; car parler n'est pas déclamer ni chanter.

Il observe les repos indiqués par le sens.

Il ne se singularise ni par un accent précieux, affecté, qui dénote la vanité, la suffisance; ni par une prononciation sèche, rude et brusque, signe de dureté de caractère et de manque d'éducation; ni par un ton de voix mou et langoureux, révélant une âme sans énergie.

Victor apporte encore plus d'attention dans la lecture à haute voix que dans les entretiens ordinaires : il articule bien, afin de se faire entendre de toute la société; il va plutôt trop lentement que trop vite, surtout si l'on est dans une salle spacieuse; il fait une pause suffisante à chaque signe de ponctuation et, en outre, toutes les fois que le demande le sens de la phrase.

Soit qu'il converse ou qu'il lise, il desserre assez les dents pour ne point gêner la prononciation; il évite de parler du gosier et de nasiller; il ne fait point non plus ce qu'on appelle petite bouche, et qui n'est que grimace et fatuité.

Ses parents et ses maîtres le tiennent en garde contre les défauts de prononciation qui proviennent des habitudes du premier âge, de l'accent du pays, ou d'une mauvaise conformation de bouche, et qui tous doivent être combattus énergiquement et sans retard, sinon il est très difficile de s'en défaire.

Les principaux de ces défauts sont :

Le BLÉSEMENT ou la BLÉSITÉ, qui substitue une consonne faible à une consonne forte, disant par exemple: « zour » pour « *jour* », « sarmant » pour « *charmant* »;

Le BREDOUILLEMENT, qui confond les syllabes ou les supprime;

Le GRASSEYEMENT, qui exagère l'articulation des consonnes fortes et surtout de l'*r*, ce qui est du dernier ridicule quand on le fait volontairement;

L'ANONNEMENT, qui s'énonce avec peine et s'attarde sur telle ou telle syllabe;

Le BÉGAYEMENT, qui articule mal et répète les syllabes: véritable infirmité, que plusieurs contractent en ne bégayant d'abord que par forme de jeu.

Victor se met également en garde contre d'autres défauts, tels sont : 1° la répétition d'un mot quand le suivant tarde à se présenter à l'esprit ; 2° l'emploi de certains mots d'un usage habituel, dont parfois on parsème le discours, et parmi lesquels nous signalerons : *maintenant, à cette heure, dame, parfaitement, or donc, dit-il, qui dit...* Il est des gens qui emploient à tout propos quelqu'une de ces expressions, surtout quand ils n'ont pas bien présent à la pensée ce qu'ils ont à exprimer.

Fidèle aux recommandations qui lui ont été faites sur ce sujet, Victor se surveille pour ne violer en rien les lois du langage; pour se défaire, s'il y a lieu, de l'accent provincial, et pour n'employer que des expressions gracieuses. Il ne se sert que le moins possible des formes verbales en *asse* ou en *isse* et des adverbes en *ment,* et évite l'hiatus.

Se guidant d'après l'oreille et le bon goût, il fait les liaisons qui plaisent, et omet celles qui ont quelque chose de dur ou de désagréable.

S'il entend quelqu'un faire une faute de français, comme cela peut arriver même à un homme très instruit, il fait semblant de ne pas s'en apercevoir.

Jamais il ne se moquerait d'un étranger parlant mal notre langue. Si la pensée lui en venait, il la repousserait en se disant : « Cet homme parle mieux le français que je ne parlerais sa langue maternelle. Rire de lui serait de ma part aussi sot qu'à un aveugle de se moquer d'un borgne. »

Il évite les termes bas, populaires, qu'on n'oserait prononcer en présence de personnes très respectables.

En parlant, il est attentif à ne pas grimacer ni trop gesticuler, à ne point faire jaillir de la salive, à ne pas souffler au visage de son interlocuteur.

Comme il a véritablement à cœur d'acquérir et de conserver une bonne diction, il ne néglige rien pour arriver à ce précieux résultat.

Tout d'abord il s'accoutume à bien penser, convaincu de la vérité de ces vers de Boileau :

> Ce que l'on conçoit bien s'énonce clairement,
> Et les mots pour le dire arrivent aisément.

D'ailleurs, il ne peut ignorer que le bredouillement et plusieurs autres défauts du langage proviennent surtout de ce qu'on ne sait pas au juste ce que l'on veut dire.

Il parle peu, mais chaque fois il parle le mieux qu'il lui est possible.

Il s'exerce à trouver les mots, à arranger convenablement les propositions. Il évite les longues phrases, afin que sa parole soit plus facile.

Il s'écoute lui-même quand il parle ou qu'il lit à haute voix.

Il observe avec attention comment s'expriment les personnes qui parlent le mieux, et s'applique à les imiter.

Il prie ses parents et ses amis de relever, au moment même, les fautes qu'il commet en parlant ou en lisant, et il veille sur lui pour n'y plus retomber.

L'emploi de ces divers moyens lui coûte des efforts; mais il ne se décourage point, voulant à tout prix arriver à son but. Il se rappelle au besoin l'exemple de Démosthènes. C'était un Athénien très instruit, qui aspirait à devenir orateur ; or il était affligé d'un vice de prononciation, qui le rendait ridicule à ses concitoyens, tous amateurs du beau langage.

Il lui fallait donc ou se corriger, ou embrasser une autre carrière; il préféra le premier parti, et employa entre autres moyens celui-ci, que l'on se plaît à citer :

Il allait sur le rivage de la mer. Après s'être mis de petits cailloux dans la bouche, pour ajouter encore à sa difficulté de s'exprimer, il parlait à haute voix en face des flots comme s'il eût été en présence du peuple et en se rendant attentif à sa prononciation.

Sa constance fut si bien couronnée de succès, qu'il est devenu le premier orateur de la Grèce.

Victor est intimement convaincu que l'attention, le calme et la persévérance peuvent remédier, pour ainsi dire, à tous les défauts de la parole. « Eh quoi ! se dit-il, n'arrive-t-on pas de nos jours à corriger le bégayement, et même à faire parler les muets, qui dès lors ne méritent plus ce nom, et sont appelés des « sourds parlants » ? Ces faits, non moins que l'exemple de Démosthènes, prouvent évidemment que, dans ce qui a trait à la prononciation, on peut beaucoup quand on a bonne volonté. »

11. — LE RIRE

Le rire est l'expression la plus naturelle de la joie subite; il est permis en toute société, pourvu qu'il ne blesse en rien les convenances et qu'il ne soit pas immodéré.

Victor, l'enfant bien élevé, rit souvent et parfois pour peu de chose, parce que, possédant la paix de la conscience, il a en son âme une joie continuelle, qui tend d'elle-même à se manifester, et qui se communique aux autres comme un parfum à ce qui l'avoisine. Mais il ne rit pas avec éclat, sinon en de rares occasions où il ne peut s'en empêcher, et alors même il ne rit jamais, comme on dit, « à gorge déployée ».

Il montre une certaine dignité jusque dans la gaieté la plus franche et la mieux motivée, se rappelant cette maxime du Sage : *C'est le propre de l'insensé d'élever la voix en riant.*

Il a habituellement le sourire sur les lèvres, comme une expression du bonheur dont il jouit déjà dès ici-bas en récompense de sa vertu.

Il n'aurait garde de rire d'un accident arrivé même à un ennemi, parce que c'est contraire non seulement à l'honnêteté, mais à la charité chrétienne, qui veut que nous prenions part aux peines du prochain comme si elles nous étaient personnelles.

Sa délicatesse de conscience lui fait avoir en horreur tout rire inconvenant. Aussi dès que dans une société il est témoin d'un acte, d'un geste, d'une parole contraires à la religion ou aux bonnes mœurs, ce n'est pour lui qu'un sujet de profonde tristesse et un impérieux motif de quitter la compagnie pour n'y plus reparaître.

Il ne voudrait non plus à aucun prix imiter les mauvais plaisants, qui se divertissent aux dépens d'autrui, qui tendent des pièges à la simplicité, qui sous prétexte de s'amuser causent des dommages ou font souffrir les animaux, parce que tout cela est indigne de gens qui se respectent.

Bien loin de rire de ceux qui ont des défauts naturels ou qui ont perdu la raison, Victor compatit à leur infirmité, et leur vient en aide chaque fois que l'occasion s'en présente. S'il voit quelque enfant se moquer d'eux, il prend aussitôt leur défense.

Il ne rit pas sans motif, car c'est le propre des niais; mais dès qu'il en a un juste sujet, il rit d'autant plus de bon cœur que sa joie est plus innocente; en sorte que, sans même y penser, il se conforme à cette parole de saint Paul aux Philippiens : *Mes frères, réjouissez-vous dans le Seigneur. Je vous le dis encore une fois, réjouissez-vous* (IV, 4).

12. — DES BRAS ET DES MAINS

Le professeur de Victor avait donné à traiter à ses élèves : DU MAINTIEN DES BRAS ET DES MAINS, en leur prescrivant d'employer la première personne grammaticale.

Voici la rédaction que fit Victor, en se rappelant ce que sa mère lui avait dit sur ce sujet.

« La bienséance demande que je surveille tout particulièrement ma tenue sous le rapport des bras et des mains.

« Ainsi j'éviterai d'allonger les bras, de les étirer, de les laisser pendre négligemment, de coudoyer les passants, de mettre les mains dans mes poches, ou de les tenir derrière le dos.

« Je me laverai les mains, non seulement le matin et avant les repas, mais aussi chaque fois que j'aurai touché quelque chose de salissant. Je les essuierai au linge destiné à cela, et non, comme certains enfants sans éducation, à mon mouchoir, à mes habits, ou à tout autre objet qui n'est point à cet usage.

« En présence de mes supérieurs, j'éviterai de me frotter les mains pour m'échauffer ou manifester ma joie; car cela ne convient pas. Je n'aurais garde non plus de toucher les habits de ceux à qui je parle, les meubles ou les tentures des appartements, les fleurs ou les plantes des jardins où l'on me permet de me promener, les objets exposés dans les musées...

« Jamais je ne me permettrai ce qu'on appelle les jeux de mains, sachant qu'ils dénotent une familiarité messéante, et qu'ils engendrent le mépris réciproque de ceux qui se les permettent.

« Me rappelant qu'on ne se donne la main l'un à l'autre qu'entre égaux, en signe d'amitié ou de réconciliation, je n'oserais présenter la mienne à mes supérieurs, à moins qu'eux-mêmes ne me tendent la leur. Dans ce cas, j'accepte avec reconnaissance cette marque de bonté : je m'incline et présente la main droite, après avoir ôté mes gants, si j'en ai.

« Si j'avais eu quelque différend avec un égal ou un inférieur, je n'hésiterais pas à présenter la main le premier, et à prendre ainsi les avances de l'accommodement, lors même qu'il me paraîtrait que tous les torts sont du côté de mon adversaire.

« Je ne me permettrais pas non plus de me tirer les doigts, de les faire craquer, de me les mettre dans la bouche, dans les oreilles, dans les narines, de montrer du doigt une personne quelconque; car ce sont des impolitesses.

« Je maintiens mes ongles ni trop longs ni trop courts, et toujours propres. Je les coupe en temps opportun avec des ciseaux, et non avec un couteau ou un canif, et jamais en présence de quelqu'un.

« Je n'aurais garde d'imiter certaines gens qui se rongent les ongles, ou qui se permettent de les enfoncer dans des fruits, d'en rayer un mur ou un meuble, d'en marquer un passage d'un livre...: toutes choses malpropres et impolies.

« Comme mes parents m'ont fait contracter la pieuse habitude d'élever mon esprit et mon cœur vers Dieu à l'occasion de tout, je pense souvent que mes mains sont un des plus admirables organes dont m'a doué le Créateur. Je le bénis de ce don de sa bonté paternelle, et renouvelle ma résolution de n'en faire usage que conformément à son adorable volonté. »

13. — DES JAMBES ET DES PIEDS

La politesse indique relativement aux jambes ou aux pieds différentes règles, que Victor se fait un devoir d'observer fidèlement.

Il s'abstient de marcher nu-pieds, même lorsqu'il est seul, et jamais il ne paraîtrait en présence de quelqu'un sans ses bas et sa chaussure. Il entretient ses souliers en bon état, sans exagération toutefois, car l'excès de soin ne dénoterait qu'une sotte vanité.

Il veille à ce que ses pieds ne répandent point de mauvaise odeur, sachant que c'est malsain pour soi et très incommodant pour les autres. A cet effet, il les lave souvent, et change de bas dès que c'est nécessaire.

Victor se conforme aux règles de la bienséance relatives au maintien et dont nous avons parlé à la troisième leçon. Ainsi il évite de croiser les pieds, de les balancer, d'en frapper la terre comme s'il battait du tambour, de les tourner de travers, de les rapprocher par le bout, de pirouetter sur les talons, de marquer le pas à la manière des soldats en marche, de faire du bruit en allant d'un endroit de la maison à un autre.

Jamais il ne se permettrait de donner un coup de pied à qui que ce soit; car un tel acte ne peut être que le fait d'un brutal, que la passion domine et qui n'a point d'éducation. Il sait qu'un chrétien ne doit faire paraître dans toute sa conduite que la sagesse, la douceur et la modération, à l'exemple de Jésus-Christ, qui n'a opposé que la mansuétude aux opprobres dont l'ont couvert ses ennemis, et qui a dit : *Bienheureux ceux qui sont doux, parce qu'ils posséderont la terre.*

DEUXIÈME PARTIE

ACTIONS ORDINAIRES ET RELATIONS DE FAMILLE OU DE SOCIÉTÉ

14. — DU LEVER ET DU COUCHER

I. — LEVER

Prolonger le sommeil au delà de la nécessité, c'est contracter l'habitude d'une vie molle et sensuelle et s'exposer à tous les dangers qui en sont la suite; c'est aussi nuire à sa santé, comme l'affirment tous les médecins et que le montre l'expérience.

D'ailleurs, en quelque condition que l'on se trouve, on doit se souvenir que l'homme est né pour le travail, et que le jour ne reparaît que pour l'y appeler. Rester au lit quand est venue l'heure du lever révèle une âme molle, sans énergie comme sans dignité.

Aussi Victor ne donne-t-il au sommeil que le temps indispensable pour reposer le corps et l'esprit. A moins de circonstances tout à fait exceptionnelles, il se lève de bon matin, et toujours à la même heure. On n'a point à l'appeler plusieurs fois, comme certains enfants paresseux qui semblent attachés à leur oreiller. Dès le premier appel il s'arrache au sommeil, et s'il faut pour cela un effort, il le fait généreusement, sachant que c'est une bonne journée que celle qui commence par un acte de courage ou un petit sacrifice.

Aussitôt qu'il est éveillé, ce pieux enfant fait le signe de la croix, adore Dieu, lui donne son cœur, implore sa bonté paternelle, et s'offre pour faire sa sainte volonté. Il porte ensuite son regard sur l'image de la très sainte Vierge, en disant : « Ma Mère, bénissez-moi, » ou en faisant toute autre prière.

Placé quelque temps comme pensionnaire dans une maison religieuse, il se rendait attentif à la pieuse parole que l'on y prononce pour donner le signal du lever, et y répondait avec foi et amour.

Victor s'habille promptement, en observant les règles de la modestie, non moins lorsqu'il est seul qu'en présence de quelqu'un : il n'oublie pas d'ailleurs qu'il est toujours en présence de son bon ange gardien.

Inutile de rappeler qu'à moins d'infirmité, il ne se permettrait pas de tenir conversation ou de vaquer à ses affaires en restant au lit, car c'est très inconvenant.

Après s'être lavé, peigné et entièrement habillé, il récite à genoux la prière du matin, afin de s'acquitter dignement du premier des devoirs journaliers du chrétien.

A l'exemple d'un grand nombre de fidèles, il consacre quelques instants à la méditation d'une sainte pensée, du moins à la lecture réfléchie d'un livre de piété. Dans cet exercice, il converse de cœur avec le bon Dieu, que sa foi lui montre présent, et il se renouvelle dans la résolution non seulement de ne point l'offenser, mais d'accomplir avec zèle et fidélité tout ce que désire de lui ce souverain Maître.

Sa petite méditation terminée, il va présenter ses respects à ses parents ou à ceux qui lui en tiennent la place, et en rendant cet hommage de piété filiale, il obéit plus encore à l'impulsion de son cœur qu'aux prescriptions de la politesse.

II. — COUCHER

La religion et la bienséance indiquent par rapport au coucher des règles analogues à celles du lever, et qui ne sont pas moins importantes. Aussi Victor s'y conforme-t-il avec la même fidélité.

Comme ses parents ont l'excellente habitude de faire en famille la prière du soir, il en est très heureux, et prie en leur compagnie de toute la ferveur de son âme, pour eux et pour lui-même. En outre, il fait auprès de son lit une petite prière personnelle, pour remercier Dieu des grâces qu'il a reçues de sa bonté pendant le jour, et pour lui demander de le protéger pendant la nuit.

S'il était dans une famille où l'on ne priât pas en commun, il le regretterait vivement, et ferait sa prière du soir en particulier, la considérant comme un devoir éminemment cher à tous les cœurs chrétiens.

Avant d'aller prendre son repos, il salue et embrasse ses parents ou leurs représentants, convaincu qu'il ne saurait trop leur manifester son respect, et leur souhaite bonsoir ou bonne nuit. S'il se souvient de leur avoir causé quelque peine, il leur en demande pardon : il ne voudrait pas se coucher sans avoir fait cet acte de réparation, qui est un impérieux besoin pour son cœur tout aussi bien qu'un devoir.

Lorsqu'il était en pension, il se conformait au règlement, qui exige l'ordre et le silence. Mais, en montant au dortoir, il récitait une dizaine du chapelet ou quelque autre prière, car il a toujours eu à cœur de terminer saintement la journée.

Victor se réserve chaque soir un moment pour l'examen de conscience, qu'il fait d'après la méthode ordinaire : il invoque le Saint-Esprit et réfléchit sur sa conduite de la journée ; il se rappelle les fautes qu'il a commises, en demande pardon à Dieu, et forme la résolution de ne plus les commettre et d'en éviter les occasions.

Après avoir jeté de l'eau bénite sur son lit et fait le signe de la croix, il se déshabille modestement et en silence, et se couche en pensant à la présence de Dieu ou de l'ange gardien, ou encore à la mort, dont le sommeil est une image.

Il s'étend de son long, baise soit son christ, soit son scapulaire, soit sa médaille de la très sainte Vierge, et s'endort en récitant l'*Ave Maria* ou quelque autre prière.

Pour l'ordinaire, son sommeil est doux et profond, parce qu'il a l'âme innocente et que sa journée a été bien remplie. Il peut cependant arriver qu'il éprouve des insomnies. Il prend garde alors de s'entretenir de pensées pieuses et de ne pas laisser son imagination vagabonder. Il se dit, par exemple :

« Dieu me voit ; je suis toujours sous son regard, qui pénètre le fond de mon âme... S'il me fallait mourir en ce moment, quelle serait ma sentence ?

« Il y a en cet instant des âmes qui souffrent dans le purgatoire, et que je puis soulager en priant pour elles... »

Ou bien il invoque la très sainte Vierge par cette prière si recommandée : « O ma Souveraine, ô ma Mère... protégez-moi, défendez-moi comme votre bien et votre propriété. »

Oh ! que cette attention sur lui-même et la fidélité à ces pieuses pratiques lui sont honorables et avantageuses ! Combien ne l'aident-elles pas à éviter le péché et à vivre saintement ! Qu'il aura sujet de s'applaudir de sa conduite, quand sera venu le soir de sa vie, où il rendra compte de ses œuvres au souverain Juge, qui récompense chacun selon ses mérites !

15. — SOIN DES VÊTEMENTS ET D'AUTRES OBJETS

Victor fait tout ce qui dépend de lui pour être vêtu convenablement, eu égard à la position de sa famille. Il prend un soin raisonnable de sa toilette, en évitant tout à la fois la recherche, qui est contraire à la modestie chrétienne, entraîne dans de folles dépenses et révèle un esprit futile et vaniteux, et la négligence, qui est le propre de la paresse, et témoigne que l'on manque d'usage et de savoir-vivre.

Simple dans ses goûts, il préfère les habits d'une étoffe commune ; mais, quels qu'ils soient, il prend les précautions nécessaires pour les maintenir en bon état. Ne sait-il pas que la propreté des vêtements contribue à leur conservation, qu'elle plaît aux yeux et dispose en notre faveur; qu'elle est exigée partout; que, dans le monde, on pardonne plutôt un habit usé et rapiécé qu'une tache sur le gilet ou le pantalon?

Au temps où sa famille était pauvre, il n'en avait que plus d'attention à se tenir propre : sa mise était modeste, comme le demandait sa condition; mais elle s'alliait en lui avec un air de dignité, d'aisance et de grâce, qui lui conciliait l'estime et lui attirait la confiance.

S'il devenait riche, il veillerait à ne point tomber dans le luxe, préférant employer en bonnes œuvres l'argent qu'il dépenserait pour sa toilette. Il lui paraît ridicule que certaines personnes se plaisent à être félicitées pour leurs vêtements; « car, dit-il en lui-même, ces louanges s'adressent moins à leur personne qu'à celle de leur tailleur, de leur chapelier ou de leur cordonnier. »

Victor ne veut rien avoir de superflu, surtout pendant qu'il est encore élève. Il sait qu'une bague, fût-elle en or et le souvenir d'une mère, ne doit jamais paraître au doigt d'un écolier. Quant à une montre, une chaîne et des breloques, il les considère comme des objets tolérés; mais il n'en porte pas, se disant qu'un jeune homme qui en fait parade ressemble en quelque sorte à un bijoutier qui étale sa marchandise. Il lui paraît, de même, que se servir d'un lorgnon quand on a de bons yeux est une sotte vanité.

Il ne voudrait point sortir de la maison, ni même se présenter devant ses parents ou d'autres personnes, sans col ou sans cravate, la poitrine à découvert, le gilet ou le pantalon à demi boutonné; il n'aurait garde non plus de porter des bas déchirés ou tombant sur les talons, comprenant que ce sont là des négligences impardonnables.

Il évite de s'habiller ou de se déshabiller en présence de quelqu'un, à moins qu'il ne puisse faire autrement, car c'est contraire à l'honnêteté.

Ses parents lui font suivre la mode, afin qu'il ne paraisse point bizarre; mais ils ne la lui font suivre que de loin, pour ne pas exciter en lui la vanité. Ils veillent en outre à ce que ses vêtements soient en tous points conformes à la décence et aux conseils de l'hygiène.

Sa mise est toujours convenable, et même les jours de semaine, son linge est blanc, sa cravate bien mise, sa chaussure cirée, sa coiffure en bon état. A plus forte raison se tient-il propre les dimanches et les fêtes, pour mieux honorer la sainteté de ces jours consacrés au Seigneur.

Victor s'est habitué à avoir soin non seulement de ses habits, mais aussi de tous les autres objets à son usage ou à celui de sa famille. Qu'on entre, par exemple, dans sa chambre ou que l'on ouvre son pupitre, on verra que tout y est à sa place et dans le meilleur état : ses livres sont couverts et rangés, ses cahiers sont bien tenus, en sorte qu'on n'y trouve ni taches, ni pages chiffonnées, ni papier perdu.

Et pourquoi cette continuelle attention? C'est, entre autres motifs, qu'il tient à plaire à ses parents et à leur épargner des dépenses et des peines. « Je vois, leur dit-il, que vous vous donnez bien du mal pour vos enfants; je ne puis encore travailler pour vous venir en aide. Au moins, je vous promets de faire tout mon possible pour conserver en bon état mes vêtements et les autres objets que vous voulez bien mettre à mon usage. »

Maximes et conseils.

Le vêtement, le rire et la démarche de l'homme font connaître ce qu'il est. (Eccl. xix, 27.)

Ne vous glorifiez point de vos vêtements. (Eccl. xi, 4.)

Que votre modestie soit connue de tous. (Philip. iv, 5.)

La loi de Dieu condamne le luxe et la vanité dans les vêtements. (B. DE LA SALLE.)

La négligence dans l'habillement est une marque que l'on ne fait pas assez attention à la présence de Dieu. Elle révèle aussi un manque de respect envers notre corps, qui doit être honoré comme le temple du Saint-Esprit et le tabernacle où Jésus-Christ daigne se reposer. (*Ibid.*)

16. — NOURRITURE — REPAS

I. — CONSIDÉRATIONS GÉNÉRALES

Dieu, qui nous donne nos aliments, ne défend pas le plaisir naturel que nous éprouvons en les prenant; le goût agréable qu'il nous y fait trouver est un excitatif à nous en nourrir et à entrer dans les vues de sa providence pour notre conservation. Mais il ne veut pas que nous nous arrêtions à ce plaisir ni que nous manquions à la sobriété, qui consiste à ne jamais excéder le besoin.

Il faut à l'occasion de la nourriture, que nous tenons de sa bonté, élever notre pensée et nos sentiments vers lui, comme nous y exhorte saint Paul en nous disant : *Soit que vous mangiez, soit que vous buviez, ou quelque autre chose que vous fassiez, faites-le pour la gloire de Dieu* (I Cor. x, 31).

La raison, comme la religion, interdit la sensualité et la gourmandise : on mange pour vivre, on ne vit pas pour manger. La nécessité seule est le motif de cette action, qui par elle-même n'est qu'un assujettissement de notre nature.

Boire ou manger avec excès, soit seul, soit en société, est contraire à la tempérance, nuisible à la santé et indigne d'un chrétien; c'est un péché aux yeux de Dieu et un avilissement aux yeux des hommes.

Les repas ou les festins entre parents et amis devraient toujours être des écoles de sobriété, surtout lorsqu'il y a des enfants. Parfois, hélas! on y donne le déplorable exemple de la gourmandise et de l'ivrognerie, véritable scandale qui a toujours de funestes suites.

Pour qu'une joie réelle règne dans les réunions d'amitié ou de bienséance, il ne faut rien s'y permettre d'immodéré ou qui blesse la délicatesse de la conscience.

Il est tout à fait inconvenant d'exciter quelqu'un à boire ou à manger au delà du besoin : on peut lui faire ainsi commettre un péché d'intempérance, dont on serait responsable avec lui.

La politesse et plus encore l'hygiène prescrivent de prendre nos repas à des heures réglées, et à les espacer suffisamment pour que la digestion se fasse dans les conditions les plus favorables.

II. — CONDUITE AVANT ET PENDANT LE REPAS

Bien que les règles de la bienséance relatives aux repas soient nombreuses et parfois gênantes, Victor les observe exactement.

Il ne se rend dans la salle à manger que complètement habillé et les mains fort propres. Il se met à la dernière place, à moins qu'une autre ne lui ait été assignée. Après s'être recueilli devant Dieu, de qui nous recevons tout ce qui soutient notre vie, il fait le signe de la croix et récite pieusement le bénédicité.

Il s'assied ensuite convenablement, étend sur lui sa serviette de manière à préserver ses habits de toute tache, place à gauche son pain et à droite sa cuiller, sa fourchette et son couteau.

Il est attentif à tenir le corps droit sans raideur, à ne point poser le coude sur la table, mais à ne la toucher que de la main ou de l'avant-bras; il évite aussi de croiser les pieds ou de les promener au-dessous de la table.

Quand les personnes plus âgées que lui sont servies, il présente son assiette, sans marquer de préférence pour tel ou tel mets, car ses parents l'ont habitué à manger de tout.

Il demande en termes très polis ce dont il a besoin et n'omet point de remercier. Si son père lui dit : « Victor, veux-tu de cela? » il répond : « S'il vous plaît, papa. » Et quand il est servi, il ajoute aussitôt : « Merci, papa. »

S'il manque d'appétit ou qu'il éprouve de l'aversion pour un mets, il remercie simplement sans manifester de répugnance.

Il est très sobre au sujet de la boisson, n'en prenant que ce qui est nécessaire, et trempant le vin des deux tiers d'eau.

Victor n'aurait garde, comme font certains enfants sans éducation, de toucher les plats, de flairer les mets, de regarder ce qu'on a servi aux autres, de marquer de l'avidité pour un aliment ou une boisson, de souffler sur son potage trop chaud au lieu de le refroidir en l'agitant avec la cuiller, de boire le bouillon en portant l'assiette à sa bouche, de verser du vin dans le potage, de mordre son pain au lieu de le rompre au fur et à mesure en petits fragments, de ronger trop près un os, de se lécher les lèvres ou les doigts, d'essuyer à la nappe ses doigts ou ses ustensiles, de tenir son verre à deux mains.

Il évite également de se remplir la bouche au point de gêner la respiration, de boire sans avoir avalé sa bouchée et s'être essuyé les lèvres avec sa serviette, de remplir jusqu'au bord sa cuiller ou son verre, de faire du bruit en mâchant ou en avalant, de gesticuler avec son couteau ou sa fourchette, de jeter à terre, au lieu de poser sur son assiette, ce qui ne se mange pas, tels que les os, les arêtes, les noyaux.

Il tient de la main droite sa cuiller et ses autres ustensiles. Lorsqu'il a à découper de la viande dans son assiette, il se sert de la main gauche pour tenir sa fourchette et aussi pour porter les morceaux à la bouche, à moins que ce ne soit pas d'usage dans la famille qui l'a invité. Quand on fait passer un plat, il n'y prend qu'avec discrétion, en se servant de la fourchette ou de la cuiller destinée à cette fin et non de la sienne propre.

Si, dans un repas au dehors, il est servi par le maître ou la maîtresse de la maison, il reste servi et ne fait point passer l'assiette à un autre.

S'il a affaire à un domestique, il l'appelle par son nom de baptême, et non en disant « garçon », comme au restaurant.

Jamais il ne se permettrait de dire qu'un mets servi

n'est pas bon ou n'est pas aussi bon qu'un autre dont il a mangé ailleurs.

Il n'a garde de prendre le verre d'un convive pour lui faire verser à boire, ni de rien mettre dans ses poches de ce qui est sur la table, à moins que les maîtres de la maison ne l'y invitent avec insistance.

III. — CONDUITE PENDANT LE REPAS (suite)

Les frères et les sœurs de Victor, dociles aux recommandations de leur mère, observent aussi bien que lui les bienséances dont nous venons de parler et celles qu'il nous reste à rappeler.

Ils se surveillent tout particulièrement par rapport à la boisson : dès qu'ils ont bu raisonnablement, ils s'arrêtent, quelque instance qu'on leur fasse.

S'ils rencontrent dans ce qui est servi quelque chose de malpropre, ils ne le montrent point, mais le font disparaître adroitement sans que personne s'en aperçoive.

Ils prennent le sel et le poivre du bout de leur couteau, préalablement essuyé, et non avec les doigts ni avec le manche de leur cuiller ou de leur fourchette.

Pour porter les aliments à la bouche, ils font usage de la cuiller et de la fourchette, jamais du couteau. Parfois ils se servent des doigts, c'est lorsqu'il s'agit de mets qui ne salissent pas et qu'on ne peut guère prendre autrement : tels sont les artichauts, les pâtisseries, les noix.

Pour manger des pruneaux, de la crème, des fraises,... ils se servent d'une petite cuiller. S'il s'agit de miel ou de gelée, ils en étendent sur une bouchée de pain, qu'ils prennent avec les doigts. Si on leur a servi une pomme ou une poire, ils la partagent en quatre et pèlent chaque part séparément avant de la manger.

Pour casser ou pour ouvrir les noisettes, les noix, les amandes, ils font usage d'un casse-noisettes ou d'un couteau, et non des dents, ce qui serait tout à la fois impoli et dangereux.

Il arrive assez souvent qu'ils sont embarrassés, parce qu'ils ignorent certains usages. Dans ce cas, ils examinent comment agissent les personnes de bonne société, et ils s'essayent à les imiter.

Leurs parents les ont habitués à manger avec propreté et bienséance même étant seuls, et c'est une des causes pour lesquelles ils ne sont ni gauches ni inquiets quand ils mangent en compagnie.

Dans les repas en famille, ils parlent avec un certain laisser-aller qui fait plaisir à leurs parents. Lorsqu'il y a de la société, ils gardent le silence; du moins ils sont très réservés dans leurs paroles et n'interrompent jamais la conversation.

Ils cessent de manger avant les grandes personnes, comme l'usage le demande des enfants.

Le repas terminé, ils plient leur serviette, à moins qu'ils ne soient chez des étrangers, car alors on la laisse simplement sur la table. Ils se lèvent avec la compagnie, se recueillent devant Dieu pour le remercier des biens qu'ils ont reçus de sa main bienfaisante, et disent leurs grâces comme ils ont dit leur bénédicité. Ils témoignent poliment leur reconnaissance aux personnes qui les ont obligés, et vont se récréer ou reprendre leurs occupations.

Il arrive parfois que l'on reste longtemps à table. Dans ce cas, Victor demande la permission d'aller jouer ou travailler, ce que ses parents lui accordent volontiers, parce que les conversations des grandes personnes n'ont pour l'ordinaire aucun attrait pour les enfants.

S'il avait à se nettoyer les dents, soit pendant, soit après le repas, il le ferait à part, dans l'embrasure d'une croisée ou quelque autre endroit favorable, jamais en présence de la société.

Il s'interdit de parler des aliments qui ont été servis, et, en général, de ce qui a trait au boire et au manger.

Il fait tout ce qui dépend de lui pour que ses repas soient à heure réglée. Il s'abstient de rien prendre dans l'intervalle, excepté à goûter, où il ne mange que fort peu.

Sa conduite, par rapport à la nourriture, est conforme à la religion, à la politesse et à l'hygiène ; elle plaît à ses parents, lui attire l'estime de ceux qui le connaissent, contribue à la conservation de sa santé, et manifeste une âme courageuse, qui surmonte la sensualité.

Il n'est guère de repas où cet enfant chrétien ne se prive de quelque friandise ou ne s'impose quelque mortification. Il en demande à Dieu la grâce, en disant avec l'auteur de l'*Imitation :* « Faites, Seigneur, que je n'use des aliments qu'avec modération et sans y chercher la superfluité et le plaisir, ainsi que l'ordonne votre loi sainte. » (III, xxvi, 4.)

Cette fidélité témoigne qu'il veut n'user jamais des créatures que selon l'ordre établi de Dieu, et qu'ainsi il marche dans le sentier de la véritable sagesse, dont le terme est le suprême bonheur.

Maximes et conseils.

Usez sobrement des mets. (Eccl. xxxi, 19. Tite, ii, 6.)
Ne vous laissez point aller à l'intempérance de votre bouche ; n'excédez ni en aliments ni en boisson. (Eccl. xxxi, 12, 20 ; xxxvii, 32.)
Ne vous empressez pas de porter la main aux plats, ni de demander à boire. (Eccl. xxxi, 21.)
Ne mettez pas le coude sur la table. (Eccl. xli, 24.)
Cessez le premier de manger. (Eccl. xxxi, 20.)
Bénissez le Seigneur, qui vous comble de ses bienfaits. (Eccl. xxxii, 17.)
Mieux vaut un simple repas d'herbe où règne la charité qu'un copieux festin où se trouve la haine. (Prov. xv, 17.)

17. — REPAS AU COLLÈGE OU A LA PENSION

Les prescriptions de la politesse relatives aux repas ne peuvent pas être toutes observées au collège ou à la pension. Ainsi il y est admis de se rendre à table sans se laver les mains, à moins qu'elles ne soient tachées par accident, d'essuyer son assiette avant de s'en servir, de faire usage d'une même assiette pour plusieurs mets et de l'essuyer avec du pain après chaque service, d'essuyer son couteau sur une bouchée de pain, de nettoyer soi-même ses ustensiles après le repas.

En cela, ainsi que dans les autres choses spéciales aux internats, l'enfant bien élevé agit comme ses condisciples et ne cherche point à se singulariser.

C'est ce que faisait Victor quand il était en pension. Il mangeait de tout ce qui était servi. S'il éprouvait de la répugnance pour un mets, il s'exerçait à la vaincre, surtout lorsqu'elle avait sa source dans la sensualité. En tous cas, il ne se permettait ni parole ni geste pouvant inspirer à ses compagnons de table de l'aversion pour un aliment qui ne lui agréait pas.

Il était à eux plus qu'à lui-même, les servant avec plaisir, surtout les plus jeunes, leur laissant ce qu'il y avait de mieux, veillant à ce que rien ne leur manquât.

Quand il se servait, il prenait moins que sa part pour que la leur fût plus copieuse, sauf à revenir au plat s'il y avait surabondance.

Il ne mettait dans son assiette que ce qu'il pouvait manger. Il prenait bien garde de conserver propres sa place et son service, de ne pas rayer la table avec son couteau ou sa fourchette, de ne pas déchirer sa serviette en nettoyant son couvert, de ne rien casser ni renverser.

Il évitait de quitter sa place sans motif sérieux.

Comme on faisait ordinairement une lecture publique, il s'y rendait attentif et s'abstenait de lire en particulier.

Lorsque l'on permettait de converser à table, il le faisait à voix basse et ne s'entretenait que de sujets très convenables.

Sachant que dans la pension où il était on donne aux pauvres les restes des repas, il faisait tout ce qui dépendait de lui pour que ces restes fussent propres.

Il laissait dans le plat ou mettait dans une assiette spéciale ce dont il ne voulait pas manger; et, selon qu'il le pouvait, il engageait adroitement ses condisciples à faire de même, comme le prescrivent d'ailleurs la convenance, le savoir-vivre et surtout la charité. Il se disait, avec raison, que des aliments triturés ou dans lesquels on a mélangé des débris ne sont point présentables même à des indigents, et qu'il vaut mieux favoriser les repas des nécessiteux qu'ajouter à la pâture des animaux de basse-cour.

Ou plutôt, s'inspirant de la foi, il considérait les pauvres comme des membres souffrants de Jésus-Christ, se faisait un devoir de leur venir en aide, et, si on le lui permettait, comme cela se pratique en cette institution et en beaucoup d'autres, il estimait à honneur de leur distribuer les aliments qui leur étaient destinés.

18. — LE SALUT

Le salut est un hommage de respect à l'égard des personnes et aussi à l'égard de certains objets consacrés par la religion. Il est, a-t-on dit, la pierre de touche du bon ton, et doit se faire sans précipitation ni embarras.

Pour saluer, on ôte sa coiffure de la main droite, on la descend par le côté, et l'on fait en même temps une légère et gracieuse inclination du corps, tout en regardant la personne saluée.

Souvent on ne salue un ami que d'un geste de la main et parfois d'un simple signe de tête.

Victor est exact à saluer dans toutes les circonstances où l'usage le demande, telles sont : lorsqu'il aborde une personne pour lui parler; lorsqu'il entre dans une maison, dans un atelier, un bureau, un magasin, une salle de cours ou de conférence, une salle d'hôpital, un musée, un omnibus, un bateau...; lorsqu'il passe devant une croix, une église, une madone, une statue de saint... Dans ces derniers cas, il accompagne son salut d'une prière, qu'il adresse dans son cœur à Notre-Seigneur, à la très sainte Vierge ou au saint dont il vénère l'image.

S'il passe devant une maison mortuaire, il se découvre, et, si le cercueil est exposé, il s'approche, l'asperge d'eau bénite et prie pour le défunt.

S'il rencontre un convoi funèbre, il se découvre également, et récite le *De profundis* ou quelque autre prière pour les morts. Il fait de même en passant près d'un cimetière.

En ville, il salue les ecclésiastiques, les religieux, les dépositaires de l'autorité civile, ses chefs et ses connaissances. Dans la campagne, où, pour l'ordinaire, on ne rencontre que peu de monde, il salue toute personne.

A l'imitation de la très sainte Vierge, qui, comme le rapporte l'Évangile, salua la première sa cousine sainte Élisabeth au jour de la Visitation, il se plaît à prévenir de cette marque d'estime et de respect quiconque pourrait avoir droit de l'attendre de lui.

Lorsque Victor doit saluer quelqu'un qui vient à sa rencontre, il n'attend pas d'être tout auprès : il s'y prend quatre ou cinq pas d'avance.

Il est également attentif à rester découvert tout le temps que le demande la bienséance, et nommément quand il est en classe, ou à table, ou en présence d'une personne supérieure, à moins qu'on ne l'invite à se couvrir.

Son salut a toujours les caractères qui lui conviennent : il est amical envers les égaux, affable envers les inférieurs, très respectueux envers les dames et les supérieurs. Pour l'ordinaire, il veille aussi à ce qu'il soit religieux. C'est ainsi qu'en saluant les gens qu'il rencontre, il a en vue, à l'exemple des saints, de saluer en même temps leurs anges gardiens ou d'honorer en eux Jésus-Christ, dont ils sont les membres mystiques.

La foi dont il anime son salut ennoblit cette action

en l'élevant à l'ordre surnaturel, et la rend méritoire aux yeux de Dieu.

19. — SOUHAITS

Selon les circonstances, il est d'usage de souhaiter à ses parents, à ses supérieurs, à ses amis, un bon jour, une bonne nuit, une bonne année, un heureux voyage...

Victor ne manque pas de le faire chaque fois que le demande la politesse. Mais il ne s'en tient pas à l'énoncé d'une formule banale : il réfléchit sur le sens de la parole qu'il prononce, et conçoit le souhait en son cœur avant de l'exprimer par ses lèvres.

Quand, le matin ou à son retour de l'école, il embrasse ses parents et leur souhaite le bonjour, il énonce un de ses désirs les plus ardents. « Oui, dit-il en lui-même, que cette journée soit heureuse pour papa et maman. Je ferai pour cela tout ce qui m'est possible. »

Convaincu que la généralité de nos souhaits réciproques sont d'eux-mêmes stériles, il prie la divine bonté de vouloir bien réaliser ceux que son cœur lui inspire. « O Jésus, dit-il, donnez d'heureux jours à toutes les personnes qui me sont chères ! »

Le premier jour de l'an, après avoir exprimé ses vœux dans la famille, il se rend devant le très saint Sacrement et demande à Jésus de les réaliser, afin que la nouvelle année soit véritablement heureuse pour toute sa parenté. Il agit de même pour la fête de son père ou de sa mère.

En se séparant temporairement de quelqu'un, il dit *au revoir* et non, comme plusieurs : « à revoir. » Si la séparation est pour longtemps, il dit *adieu*. Mais, dans sa pensée, il donne à cette expression son vrai sens, qui est : « Je vous recommande *à Dieu;* je vous laisse *à Dieu*. »

Parfois, dans certaines lettres d'intimité, il écrit *à Dieu* en deux mots, à l'imitation de plusieurs personnes qui tiennent à rendre toujours leur pensée par l'expression exacte.

En résumé, Victor observe très bien la politesse relative aux souhaits ; mais il est en outre attentif à marquer du cachet religieux les actes qu'elle prescrit, et à leur donner par cela même leur véritable caractère.

20. — CONDUITE A L'ÉGARD DES PARENTS

Tout enfant bien élevé d'après les principes du christianisme considère ses parents comme les représentants de Dieu envers lui, et professe pour eux un religieux respect. C'est ce que fait Victor à l'égard des siens. Il pense souvent à leur tendresse et à leurs sacrifices, et ne laisse passer aucune occasion de leur témoigner son amour et sa reconnaissance.

Son plus grand désir est qu'ils soient heureux en cette vie et surtout en l'autre, et pour que ce désir se réalise, il emploie tout d'abord la prière ; il demande avec ferveur à Dieu, particulièrement quand il entend la sainte messe, de les combler de ses bénédictions. De son côté, il n'omet rien de ce qui peut contribuer directement à leur bonheur.

Il cherche à leur complaire, sacrifie volontiers ses goûts aux leurs, préfère leur société à toute autre, se montre toujours content, sachant que c'est un moyen de les contenter ; ou plutôt il a pour eux toutes les attentions aimables qui caractérisent un bon fils.

Il va au-devant de son père revenant du travail, lui sourit et l'embrasse de toute l'affection de son cœur. Il est, à l'égard de sa mère, bon, affectueux, caressant, empressé jusqu'à prévenir ses désirs.

Quand ses parents éprouvent des chagrins, il s'y montre très sensible, et fait tout ce qui dépend de lui pour les consoler. Il prend de même la plus vive part à leurs joies, les envisageant comme les siennes propres.

S'ils lui causaient quelque désagrément par leur

caractère ou leurs infirmités, il paraîtrait ne pas s'en apercevoir, et s'efforcerait de ne leur témoigner que plus de respect et de prévenances.

Il leur obéit avec une joyeuse docilité, et devance même leurs ordres. Cette obéissance leur est une consolation, et c'est une des raisons pour lesquelles il est bien résolu à ne jamais s'en départir. Il veut, tant qu'il aura le bonheur de les posséder, agir en fils soumis et respectueux ; et s'il arrivait qu'il fût dans l'absolue nécessité de les contredire, il ne le ferait qu'avec réserve, prudence et douceur.

Il a une entière confiance en leur expérience et en leur tendresse, et le témoigne en n'ayant rien de caché pour eux. Il leur parle avec un filial abandon, écoute religieusement leurs avis et s'y rend fidèle.

Quand il est séparé d'eux, il les a présents à son souvenir, et cela contribue à le maintenir dans la vertu ; car songer à son père et à sa mère est une sauvegarde contre les pensées coupables.

Il est animé des mêmes sentiments que saint François de Sales, qui, tout jeune encore, disait : « Que je suis heureux ! le bon Dieu et ma mère m'aiment bien. »

Ce cher enfant attache un grand prix à ce qu'il a reçu de ses parents ou qu'il tient de ses aïeuls, et à tout ce qui est tradition de famille. Il a particulièrement à cœur de pratiquer les vertus caractéristiques de sa parenté, héritage d'honneur qui se transmet de génération en génération, et qu'il ne veut point laisser dépérir en ses mains.

Victor observe à l'égard de son père et de sa mère, ainsi qu'envers les autres membres de sa famille, les différentes règles de la politesse, comprenant qu'il serait absurde de ne pas faire, sous ce rapport, au moins autant pour ses proches que pour des étrangers. Il ne peut concevoir la conduite de certaines gens, qui se montrent pleins d'amabilité au dehors, tandis que, dans l'intérieur de la maison, ils paraissent sombres, brusques et maussades.

Il dit *vous* à ses parents. Mais, supposé qu'ils

l'eussent habitué à les tutoyer, il ferait en sorte que son ton respectueux corrigeât la familiarité de l'expression.

A moins d'ordre contraire; il ne leur parle que debout et découvert, et toujours en termes très convenables : il comprend qu'un mot qui ne serait qu'impoli à l'égard d'un étranger constituerait une injure s'il leur était adressé.

En parlant d'eux, il dit simplement *mon père, ma mère;* parce que ces noms étant des expressions sacrées, ce serait une affectation ridicule d'y joindre le titre de *monsieur* ou de *madame.*

Victor est exact, comme nous l'avons dit, à embrasser ses parents le matin et le soir pour leur souhaiter bonjour ou bonne nuit; et selon l'usage établi dans sa famille, ainsi que dans plusieurs autres, il leur demande à genoux leur bénédiction avant d'aller prendre son repos : il n'oserait s'endormir s'il ne l'avait obtenue.

Lorsqu'il est éloigné d'eux, il leur écrit souvent et de lui-même, pour demander de leurs nouvelles, leur en donner des siennes, et leur exprimer ses sentiments de filiale tendresse et de vive reconnaissance.

Pendant qu'il était en pension, il recevait de temps à autre leur visite : il se présentait à eux très propre, quoique en tenue de travail ; il les embrassait en les saluant, et s'informait de leur santé et des nouvelles de la famille : il n'aurait eu garde de commencer l'entretien par ce qui le concernait personnellement.

Quelle satisfaction pour son cœur de pouvoir les assurer que l'on était content de lui, et qu'il profitait des sacrifices qu'ils s'imposaient pour son éducation !

Quand l'heure réglementaire l'obligeait à les quitter, il leur témoignait un affectueux regret, et les accompagnait jusqu'à la porte de l'établissement.

Mais, qu'il soit près de ses parents ou qu'il en soit éloigné, Victor leur exprime en toute circonstance favorable, de vive voix ou par écrit, son respect et son attachement. Il le fait spécialement le premier jour de l'année, à leur fête patronale, à l'anniversaire de leur naissance, après un événement d'une certaine importance arrivé dans la famille, après un examen où il a obtenu du succès.

Son affection pour eux n'a point pour motif leur plus ou moins de fortune, car ce ne serait que de l'égoïsme. Non. Il les aime par cela même qu'ils sont ses parents et les représentants de Dieu envers lui, et indépendamment de leur position dans le monde. S'ils étaient malheureux, ce ne lui serait qu'un motif de les aimer davantage et de redoubler d'attentions à leur égard, afin de leur offrir dans ses prévenances et son affabilité une compensation à leur infortune.

En honorant ainsi les auteurs de ses jours, ce digne enfant s'honore lui-même aux yeux de toute personne bien pensante; il procure à son père et à sa mère de douces joies, qui allègent pour eux le poids de la vie ; il se rend digne de leurs bénédictions, qui toujours portent bonheur. Surtout il se rend digne des bénédictions de Dieu, qui sont la récompense de la piété filiale et la sanction du quatrième commandement :

> Tes père et mère honoreras
> Afin de vivre longuement.

Maximes et conseils.

Dieu a rendu le père vénérable aux enfants, et il a affermi sur eux l'autorité de la mère. (Eccl. III, 3.)

Enfants, obéissez en tout ce qui est juste à vos pères et à vos mères, car cela est agréable au Seigneur. (Col. III, 20. Ephés. VI, 1.)

Le fils sage est la joie de ses parents. (Prov. XV, 20.)

Celui qui craint le Seigneur honorera son père et sa mère, et servira comme ses maîtres ceux qui lui ont donné la vie. (Eccl. III, 8.)

Mon fils, honorez votre père et votre mère par vos actions et vos paroles, par toutes les marques de déférence et de respect, afin qu'ils vous bénissent et que leur bénédiction demeure sur vous. (Eccl. III, 9 à 14.)

21. — TÉMOIGNAGE D'UNE MÈRE

« Je n'ai, écrivait à son mari la mère de Victor, qu'à me féliciter de nos chers enfants.

« Ils m'obéissent dès la première parole ou le premier signe, et se montrent, dans toutes nos relations, polis, respectueux et aimables.

« Non seulement ils ne voudraient pas pour tout au monde me causer de la peine, mais ils sont aux petits soins à mon égard, veillant à ce que rien ne me manque, voulant que j'aie toujours la première place et la meilleure part. On dirait qu'ils n'ont d'autre ambition que de me voir heureuse.

« Que de fois ils m'ont assuré qu'ils ont pour moi la plus affectueuse tendresse, et que je suis, pour ainsi dire, constamment présente à leur pensée !

« Ils ne feraient rien de particulier sans m'en demander la permission, et ils sacrifient volontiers tout plaisir à celui de rester avec moi.

« Si je donne quelque chose à l'un d'eux, il ne manque jamais de dire : *Merci, maman.*

« Combien ne suis-je pas satisfaite de Victor ! Il m'aide, autant qu'il peut, dans les travaux du ménage, et voudrait ne me laisser rien porter quand je sors avec lui.

« Il est heureux de m'accompagner à la promenade, dans mes visites, et surtout à l'église, où il prie pour nous avec la piété d'un ange. Tu comprends bien que, dans ces précieux moments, je prie de mon côté, pour lui et nos autres enfants, avec la ferveur la plus vive, demandant à Notre-Seigneur, par l'intercession de la très sainte Vierge, de leur accorder la grâce de se conserver sages et même de progresser dans leurs bonnes dispositions, qui sont notre joie et notre espérance. »

22. — RELATIONS AVEC LES AIEULS

L'enfant bien élevé se montre poli, aimable, complaisant non seulement envers son père et sa mère, mais aussi envers ses grands parents : il les vénère et les entoure de soins.

Il n'oublie point que toute personne âgée a un droit particulier au respect et aux égards, à plus forte raison quand cette personne est notre grand-père ou notre grand'mère.

Il aide ses grands parents autant qu'il le peut. Il s'abstient de tout ce qui pourrait les contrister et profite, au contraire, de toute occasion de leur faire plaisir.

S'ils ont quelque travers de caractère, comme cela arrive souvent au déclin de l'âge, il ne les en estime pas moins. Jamais il ne se permettrait d'en rire ni d'en parler au dehors, se rappelant d'ailleurs qu'on doit être très discret au sujet des affaires de la maison et ne rien révéler de ce que le public doit ignorer.

C'est d'après ces prescriptions de la bienséance et de la charité chrétienne que se conduit Victor. Il fait tout ce qui dépend de lui pour que ses aïeuls aient la meilleure place à table, au salon, en voiture.

Il leur tient volontiers compagnie, leur fait une lecture s'ils le désirent, écoute avec intérêt leurs histoires, bien qu'en général il les ait entendues plusieurs fois ; il s'acquitte avec empressement de leurs commissions, et reçoit avec docilité et reconnaissance leurs avis, dictés par l'expérience et la tendresse.

Il sait que plus on approche de la tombe, plus on éprouve le besoin d'être aimé, et il leur manifeste, par toute sa conduite, que véritablement il les aime.

Il se rappelle souvent son aïeul maternel, mort depuis peu, récite tous les jours un *De profundis* à son intention, et va chaque semaine prier sur sa tombe, qu'il a soin de tenir propre et ornée de fleurs.

Il se dirige d'après les mêmes principes dans ses relations avec son parrain et sa marraine, avec ses oncles et ses tantes, à qui il montre une cordiale affection et la plus grande déférence.

Cette attention le fait estimer de toute sa parenté. On le considère comme l'ange de la famille, contribuant pour une large part à y faire régner la paix et la joie.

23. — RELATIONS ENTRE FRÈRES ET SŒURS

Après nos parents, ce sont nos frères et nos sœurs qui ont le plus de droit à notre amour, et à qui nous devons le plus d'attentions et de prévenances.

C'est d'après ce principe que se conduit Victor. Il considère ses frères et ses sœurs comme ses premiers amis; il a pour eux une vive et constante affection, qui le porte à ne rien négliger pour leur plaire, à leur faire toujours un accueil cordial, à ne leur parler qu'avec douceur et à ne leur témoigner que de la bonté.

Il a pour ses sœurs, qui sont naturellement plus faibles et plus sensibles, des manières tout particulièrement délicates, auxquelles elles ne peuvent que répondre par une plus affectueuse tendresse.

Il prend bien garde à ce que l'intimité entre les membres de la famille s'allie avec les égards prescrits par la politesse, et ne dégénère point en grossière familiarité; aussi se montre-t-il, jusque dans les jeux, constamment respectueux envers ses sœurs et ses frères.

Il sait faire abnégation de ses goûts pour satisfaire les leurs. Non seulement il ne les contrarie point, mais il met sa joie à les contenter. Il leur fait part de ce qu'il possède, sachant d'ailleurs que jouir seul d'un bien qu'on peut partager, c'est n'en jouir qu'à moitié.

Son cœur est inaccessible à la jalousie, vice hideux et satanique, qui substitue la haine à l'affection et rend malheureuses tant de familles. Si ses frères ou ses sœurs sont mieux favorisés que lui, bien loin de s'en attrister il s'en réjouit, et ne cherche que dans la vertu et l'étude une compensation à ce qui lui fait défaut.

S'ils lui causent du déplaisir, il le supporte patiemment, et au lieu d'en garder rancune ou de bouder, comme font certains enfants sans grandeur d'âme, il l'oublie ou n'y pense que pour en excuser les auteurs.

Par-dessus tout, Victor veille sur sa conduite pour ne jamais rien se permettre qui puisse scandaliser ses frères et ses sœurs, ou plutôt pour leur être constamment un modèle de vertu. Avec sa sœur aînée, il supplée au besoin ses parents à l'égard des plus jeunes et leur donne, quand il y a lieu, de charitables avis.

S'il surgissait quelque désaccord dans la famille, cet aimable enfant s'efforcerait d'y ramener la paix et l'union, sans lesquelles il n'y a plus ni tendresse réciproque ni bonheur.

Si le désaccord avait pour motif des biens temporels, il abandonnerait volontiers ce qu'on lui contesterait, se disant à lui-même et le répétant aux autres : « Est-ce que le premier des biens d'ici-bas n'est pas la paix et l'union dans la famille ? »

> Frères, sœurs, la nature ensemble vous a mis
> Pour qu'un même intérêt ensemble vous unisse ;
> Que rien ne vous sépare ; et, pour rester amis,
> Ne regrettez jamais le plus grand sacrifice.
>
> <div align="right">Morel-Vindé, <i>Morale de l'enfance.</i></div>

Maximes et conseils.

Qu'il est bon et doux à des frères de vivre ensemble dans l'union ! (Ps. cxxxii, 1.)

Le frère aidé de son frère est comme une ville forte : il trouve en lui un secours au temps de l'affliction. (Prov. xviii, 19. Eccl. xl, 24.)

Celui qui n'aime point son frère n'est point de Dieu. (I S. Jean, iii, 10.)

Où il y a de la jalousie et un esprit de contestation, il y a aussi du trouble et toute sorte de mal. (S. Jacques, iii, 16.)

Témoignez-vous les uns les autres une tendresse qui naisse du fond du cœur. (I S. Pierre, i, 22.)

Qu'il règne entre vous une parfaite unité de sentiments, une bonté compatissante, une amitié vraiment fraternelle, une charité indulgente accompagnée de douceur et d'humilité. (I S. Pierre, III, 8.)

Consolez-vous mutuellement, restez unis d'esprit et de cœur, vivez dans la paix, et le Dieu d'amour et de paix sera avec vous. (II Cor. XIII, 11.)

24. — CONDUITE COMME ÉLÈVE

I. — RELATIONS AVEC SES MAITRES

S'inspirant de la foi et de la raison, le jeune Victor voit dans les personnes préposées à son éducation les dépositaires de l'autorité de ses parents, et, à ce titre, les représentants de Dieu envers lui ; aussi professe-t-il à leur égard un grand respect, une cordiale affection et une docilité à toute épreuve.

Il se dit, et au besoin il le dit aussi à ses condisciples : « Le bon Dieu ne nous parle pas directement. C'est par ceux à qui sa providence nous a subordonnés qu'il nous manifeste sa volonté, toujours sainte et adorable. Ce que nous commandent nos professeurs, c'est ce qu'il veut de nous. »

Il comprend que les soins dont il est l'objet ne peuvent être payés que par le cœur. « Mes maîtres, se dit-il, ont tout sacrifié pour suivre leur vocation d'apôtres de l'enfance. Ils nous témoignent une paternelle tendresse, qu'ils puisent dans le sein de Dieu. Ils n'attendent ici-bas pour prix de leurs sacrifices que la satisfaction d'avoir contribué au salut de nos âmes.

« N'est-il pas juste qu'ils trouvent en outre, comme récompense, le cordial attachement et l'affectueuse gratitude de leurs élèves ?... »

Il arrive parfois qu'il remarque des défauts en ceux qui l'instruisent, car nul n'est parfait ici-bas ; mais il les excuse, bien convaincu que c'est le propre d'un mauvais cœur de se moquer de ses maîtres ou de s'autoriser de leurs fautes pour excuser les siennes.

Lorsque ses professeurs le réprimandent ou le punissent, bien loin de s'en irriter, Victor en est fort reconnaissant, sachant que la correction n'a pour but que de le rendre meilleur. Il n'hésite pas à présenter ses excuses et à demander pardon ; car il n'y a que les orgueilleux qui refusent de reconnaître leurs torts.

S'il lui vient en pensée que ses maîtres ont été trop sévères envers lui, il oppose à ce souvenir, qui le plus ordinairement n'est qu'un effet de l'amour-propre, celui des biens dont il leur est redevable et des marques d'indulgence et de bonté qu'il en a si souvent reçues.

Dans le cas où, par erreur, on le réprimande sans qu'il y ait donné lieu, il ne réplique point, mais attend dans un respectueux silence le moment favorable pour s'expliquer en particulier.

Souvent même il agit, dans ces circonstances, avec une générosité inspirée par la religion seule : il accepte d'être réprimandé ou puni, en vue d'expier pour ses péchés, de s'exercer à l'humilité et d'avoir un trait de plus de ressemblance avec Jésus-Christ, qui, l'innocence même, a bien voulu, pour notre amour, être blâmé et condamné comme coupable.

Non seulement il ne se permet rien qui puisse contrister ses maîtres, mais il cherche et saisit toute occasion de leur témoigner son attachement et de leur faire plaisir.

Il ne leur parle qu'avec respect et modestie, se rend très attentif à leurs leçons, reçoit avec docilité leurs avis, leur obéit promptement et en souriant. Il se laisse conduire par eux simplement et par motif de foi, convaincu que c'est le chemin le plus facile et le plus sûr pour aller au ciel. S'il s'entretient d'eux, ce n'est que pour en dire du bien, comme le demandent la justice et la charité ; il conçoit combien est vile et méprisable la conduite d'un enfant ou d'un jeune homme qui parle en mal de ses professeurs et de l'établissement où il a reçu leurs soins, prouvant, par cela seul, qu'il est sans éducation et sans esprit.

Sa reconnaissance n'est point un sentiment stérile :

elle produit l'attachement et le dévouement; elle le porte à rendre avec empressement à ses maîtres tous les devoirs de la politesse; elle lui inspire de prier pour eux, de demander à Notre-Seigneur de les combler de bénédictions en retour de leur généreuse sollicitude.

Tout porte à penser qu'il persévérera dans ces dispositions après le temps de ses études; car c'est le cachet d'un noble cœur de garder et d'entretenir en soi, durant toute sa vie, le meilleur souvenir des soins dont on a été l'objet dans l'enfance et la jeunesse.

II. — CONDUITE PERSONNELLE

L'enfant bien élevé se conduit dans ses études comme le veulent ou le désirent de lui le bon Dieu et ses professeurs. C'est ce que fait Victor.

Il travaille avec ardeur; mais ce n'est point pour briller, pour éclipser ses concurrents, car ce ne serait qu'une vanité condamnable; ce n'est pas non plus pour se procurer la satisfaction que cause ordinairement l'étude, parce qu'il pourrait y avoir là une recherche d'amour-propre.

Il agit par de plus nobles motifs : il se propose de contenter ses parents et de répondre à leurs desseins, et plus encore d'obéir à Dieu et de faire fructifier les dons qu'il a reçus de sa bonté.

De temps en temps, ce pieux élève interrompt son travail pour jeter un regard sur l'image de Notre-Seigneur, de la très sainte Vierge, de saint Joseph,... et chaque fois il accompagne ce regard d'un élan de cœur, d'une courte mais ardente prière, qui lui est un principe de nouvelles grâces.

Pendant les leçons, il est silencieux, tranquille et attentif. Il prend toutes les précautions voulues pour n'occasionner aucun dérangement; si, par exemple, il entre en classe quand le professeur parle, il le fait sans bruit; s'il est obligé de tousser, de se moucher ou d'éternuer, il met son mouchoir devant la bouche pour n'être pas entendu.

Il ne conçoit pas qu'il puisse se rencontrer des écoliers, animés d'un mauvais esprit, qui se plaisent à troubler l'ordre. Il se dit : « C'est là une grave impolitesse. C'est aussi une faute contre la charité et la justice; car déranger un professeur, c'est lui faire de la peine, et causer un véritable dommage à ceux qu'il enseigne. »

Souvent on lui donne des louanges pour sa conduite et son bon esprit; mais, comme il ne cherche point l'estime, il les rapporte à Dieu, se rappelant que, sans son secours, nous ne pouvons rien faire de bien. Incapable de jalousie, il entend volontiers louer les autres élèves et applaudit de tout cœur à leurs succès.

En résumé, on peut dire que ce cher enfant étudie l'âme unie à Notre-Seigneur, avec application et méthode, sans découragement comme sans vanité, et que, par cela même, il sanctifie son travail et le rend méritoire devant Dieu.

Maximes et conseils.

La sagesse est plus précieuse que les richesses. L'instruction est une source de vie pour celui qui la possède. (Proverbes, III, 15; XVI, 22.)

Aimez dès le jeune âge à être instruit, et vous acquerrez une sagesse que vous conserverez jusqu'à la fin de vos jours. (Eccl. VI, 18.)

Ne cessez point d'écouter ce qu'on vous enseigne. (Proverbes, XIX, 27.)

C'est le Seigneur qui donne la sagesse à ceux qui vivent dans la piété. (Prov. II, 6, 7; III, 6.)

Celui qui aime la discipline aime la science. Celui qui hait les réprimandes est insensé et marche sur les traces du méchant. (Prov. XII, 1. Eccl. XXI, 7.)

Obéissez à ceux qui vous conduisent, et demeurez soumis à leurs ordres : ils veillent pour le bien de vos âmes, comme devant en rendre compte à Dieu. (Hébr. XIII, 17.)

25. — CONDUITE ENTRE ÉGAUX

Prenant toujours pour règle la foi et la raison, Victor n'est pas seulement respectueux envers les personnes qui lui sont supérieures, il l'est aussi envers ses égaux, dans la mesure que prescrit la bienséance. Il est vrai que, dans ses relations avec eux, il s'abandonne à toute la franchise de son heureux caractère; mais il ne se laisse jamais aller à cette familiarité de mauvais ton, qui manque de réserve, dégénère en licence et amène tôt ou tard le mépris réciproque.

Il y a toujours, entre lui et ses amis ou ses condisciples, des égards mutuels ; il les respecte comme il veut qu'ils le respectent lui-même, convaincu que cette attention, bien loin de nuire à l'intimité, la rend plus forte et plus durable.

Il ne tutoie que ses intimes; dans le doute, il préfère dire *vous*, parce que le tutoiement révèle trop la camaraderie.

Conformément au précepte de l'Évangile, il agit envers les autres comme il désire que l'on agisse envers lui. Il s'abstient de toute moquerie, de toute parole blessante, de toute plaisanterie pouvant faire de la peine.

Il appelle chacun par son nom. Jamais il n'y substituerait un sobriquet, appréhendant surtout de peiner celui à qui il le donnerait, et sachant que ces appellations malhonnêtes ou triviales se perpétuent après le temps des études. Si l'on agit différemment à son égard et qu'on le désigne par un surnom, il ne s'en offense pas ; il souffre volontiers, en vue de Dieu, cette petite contrariété.

A l'exemple de Jésus-Christ, qui a dit : *Apprenez de moi que je suis doux et humble de cœur,* Victor est plein de mansuétude, de bonté et de charité envers tous; il ne dit non plus jamais rien à sa louange, comprenant d'ailleurs que la vanterie, comme la rudesse, provient de l'orgueil, dont elle est un sot étalage, et qu'elle révèle un petit esprit et un manque d'éducation.

Quels ne sont pas ses attentions et ses égards envers les nouveaux élèves! Il fait tout son possible pour les habituer à l'établissement et, s'ils sont internes, pour leur adoucir l'éloignement de la famille.

Il aime à rendre service à ses condisciples, leur offrant ce dont ils ont besoin, et ne leur refusant rien de ce qu'il peut leur accorder sans troubler l'ordre ni manquer au règlement.

S'il en est qui soient infirmes ou peu favorisés de la nature, il ne voit dans leur situation qu'un motif de plus de redoubler de prévenances et de bonté à leur égard.

S'élevant à l'ordre surnaturel, il s'anime d'un véritable zèle pour le salut des élèves avec qui il est en relations, et s'y emploie dans la mesure qui lui est possible: il prie à leur intention, ne leur offre que l'exemple de la vertu et leur donne, en toute occasion propice, de bons conseils, qui, pour l'ordinaire, sont favorablement accueillis et opèrent un véritable bien.

Aussi pourrait-il se rendre le consolant témoignage qu'il est pour ses maîtres un utile auxiliaire dans la grande œuvre qu'ils accomplissent, et que, tout en éprouvant les nobles jouissances de la vertu, il contribue à un certain degré au perfectionnement et au bonheur de plusieurs de ses condisciples.

Maximes et conseils.

Soyez toujours prêts à faire du bien à tous. (I Thess. v, 15.)

Entr'aimez-vous avec une charité fraternelle, et prévenez-vous de civilités les uns les autres. (Rom. xii, 10.)

Autant qu'il est possible, vivez en paix avec toutes sortes de personnes. (Rom. xii, 18.)

Soyez bons les uns envers les autres, pleins de compassion et de tendresse, vous pardonnant mutuellement, comme Dieu vous a pardonné en Jésus-Christ. (Ephés. iv, 32.)

Traitez-vous les uns les autres comme Jésus-Christ vous a traités pour la gloire de son Père. (Rom. xv, 7.)

26. — RÉCRÉATION ENTRE ÉLÈVES

La récréation délasse l'esprit, qui, libre des études, peut alors voltiger à son gré ; elle est utile pour la santé, que fortifient ou rétablissent le mouvement et le grand air ; elle contribue à la formation des caractères, qui, en contact et parfois en frottement les uns avec les autres, s'améliorent et se polissent. Elle peut aussi contribuer à la sanctification de ceux qui la font bien, ainsi que l'affirment tous les directeurs des âmes.

C'est d'après ces principes que règlent leur conduite les bons élèves et tout spécialement Victor.

Avant de commencer la récréation, ce pieux élève récite en son particulier une petite prière pour la mettre sous la protection de la très sainte Vierge, et s'y livre ensuite de tout cœur, selon son besoin et les désirs de ses maîtres.

Il y est gai, joyeux, actif, complaisant.

S'il arrivait, comme c'est possible, qu'il se sentît porté à l'ennui, il ne verrait dans cet état de l'âme qu'une tentation ; car, dit saint François de Sales, « la mélancolie vient du démon, qui est triste et a tant sujet de l'être, » et il n'en jouerait qu'avec plus d'ardeur, persuadé que, dans cette circonstance, c'est le moyen le plus direct d'écarter la tentation et de retrouver le calme et la joie.

Il sait, d'autre part, qu'un élève qui ne joue pas en récréation ne peut inspirer de confiance, lors même qu'il paraîtrait pieux. « Avant tout, Dieu veut l'ordre, se dit-il, et quand il indique, par le règlement, que c'est l'heure de jouer, le bruit de la cour lui plaît tout autant que les harmonies de la prière. » Aussi joue-t-il avec entrain, et n'omet-il rien de ce qui dépend de lui pour faire jouer ses camarades.

Victor préfère les jeux les plus propres à reposer

l'esprit et à fortifier le corps, tels que les barres, la paume, le ballon... Mais il ne cherche point à imposer ses idées, et fait volontiers abnégation de ses goûts pour satisfaire ceux des autres.

Jamais il ne conteste ni ne boude. S'il rencontre des caractères bizarres, taquins, querelleurs, il les supporte patiemment. En cas d'offense, il ne songerait point à se venger, se disant en lui-même : « Il vaut mieux souffrir le mal que le faire. »

Il prend garde, tout en se récréant, de ne rien gâter ni détériorer; il porte spécialement son attention sur ses vêtements, pour ne pas les salir ni les déchirer.

Fidèle au règlement, il évite les jeux de mains, les tiraillements, tout amusement de mauvais genre, toute manière de parler grossière ou inconvenante; il évite également les tête-à-tête, qui sont une sorte de mépris envers la société, et les conversations entre élèves, dans lesquelles, comme le montre l'expérience, il se glisse si aisément des paroles messéantes ou contraires à l'autorité et à la charité.

Au besoin il sait se montrer ferme contre le mal; car la douceur, l'amabilité, la politesse, n'excluent pas le courage et la force d'âme. Il ne souffre point que Dieu soit offensé en sa présence, ni qu'on parle en mal des professeurs ou de toute autre personne, ni qu'on soit injuste envers un enfant plus jeune ou d'un caractère timide.

Au lieu de rire lâchement d'une parole inconvenante, il imposerait silence à qui se la permettrait; il a pour cela une autorité toujours respectée: celle que donne la vertu.

Son zèle pour le bien le rend attentif à toutes les occasions favorables de dire une parole de piété ou de donner un utile conseil. Au besoin il adresse même un léger reproche, qui chaque fois est bien reçu, parce qu'il n'est inspiré que par la véritable amitié.

On peut dire, en un mot, que Victor fait sa récréation comme Dieu le demande de lui. Aussi cet exercice lui est-il une source abondante de grâces, tout en lui étant l'occasion d'un utile délassement et d'une franche gaieté.

27. — RELATIONS D'AMITIÉ

Les relations entre amis exercent sur l'âme une grande influence, soit pour le bien, soit pour le mal ; c'est pourquoi rien n'importe plus que de les régler d'après la prudence chrétienne, et particulièrement d'après ces maximes de l'*Imitation de Jésus-Christ :*

« Vous ne pouvez vivre heureux sans un ami, et si Jésus n'est pas votre ami par-dessus tous les autres, vous serez accablé de désolation et de tristesse. Qu'il soit donc toujours votre souverain bien.

« Aimez tous les autres pour l'amour de Jésus et Jésus pour lui-même. Aimez en lui et pour lui vos amis et vos ennemis, et priez-le pour tous.

« C'est en moi, vous dit-il, que doit être établie l'amitié. C'est pour moi que vous devez aimer ceux qui vous paraissent vertueux et qui vous sont chers en cette vie. Sans moi, toute amitié n'est ni bonne ni stable : toute affection dont je ne suis pas le lien n'est ni durable ni pure.

« N'ouvrez pas votre cœur à toutes sortes de personnes. Joignez-vous avec les humbles et les simples, avec ceux qui mènent une vie pieuse et réglée. Il faut avoir de la charité pour tous, mais il n'est pas à propos de se rendre familier avec tous.

« Il est rare de trouver un ami fidèle, qui soit attaché constamment à son ami dans toutes ses disgrâces. »

Se dirigeant d'après ces principes, Victor n'entretient des relations d'amitié qu'avec des enfants pieux et de mœurs irréprochables, dont l'exemple contribue à le préserver du vice et à le porter au bien.

Il sait qu'il vaut mieux être privé d'amis que d'en avoir de mauvais, et qu'il n'y en a point de véritables en dehors de la religion et de la vertu.

Il n'aurait garde de déshonorer le nom d'*ami* en le

donnant à un enfant vicieux, ni de paraître dans une réunion où l'on se conduirait mal.

Il a quelques amis de son âge et de sa condition, et il se montre, dans ses rapports avec eux, très ouvert et très gai, mais sans descendre jamais à une familiarité inconvenante. Il y a entre eux et lui des égards mutuels qui, bien loin de nuire à l'intimité, la resserrent et la rendent plus stable.

Dans ses relations d'amitié, Victor veut aussi n'avoir rien de caché pour ses parents ni pour son directeur de conscience, afin de se précautionner contre tout piège qui pourrait être tendu à sa vertu.

Il se tient en garde contre les flatteurs; car, comme le renard de la fable, ils ne louent que pour exploiter ceux qui les écoutent.

Ne cherchant en tout que le bien de son âme, il surmonte la susceptibilité et laisse à ses amis toute liberté de l'avertir de ses défauts; ou plutôt il les prie de lui rendre ce service, et leur en témoigne chaque fois sa sincère et cordiale reconnaissance.

Il ne néglige rien pour leur faire plaisir, ainsi que pour prévenir toute brouille et toute froideur. Si l'un d'eux lui cause de la peine, il lui pardonne et n'y pense plus.

On peut dire avec vérité que son amitié rappelle celle de saint Basile et de saint Grégoire, qui s'aimaient surtout en vue de se soutenir dans la pratique de la vertu, et de s'exciter l'un l'autre à y faire constamment de nouveaux progrès.

Maximes et conseils.

Celui qui marche avec les sages sera sage; l'ami des insensés leur deviendra semblable. (Prov. XIII, 20.)

N'ayez point de relation avec ceux qui se conduisent mal. (Prov. I, 10. II Thess. III, 6.)

Si vous voulez avoir un ami, éprouvez-le auparavant. Tel est ami tant qu'il y trouve son avantage, et qui cesse de l'être au jour de votre affliction. (Eccl. VI, 7, 8.)

Le véritable ami aime en tout temps. (Prov. XVII, 17.)

L'amitié vraie ne peut exister qu'entre gens qui s'estiment réciproquement.

Choisissez vos amis parmi les honnêtes gens; mais qu'ils n'aient point de familiarité avec vous ni avec les personnes de votre maison.

Ne vous pressez pas dans le choix d'un ami, car l'amitié qui vient au trot s'en retourne au galop.

Il est très rare et, pour ainsi dire, impossible que l'amitié règne entre un grand et un petit.

Un véritable ami n'attend pas qu'on le prie. (CORNEILLE.)

Ne confiez pas de secret à votre ami; car il peut devenir votre ennemi et s'en servir contre vous. Ne lui faites que les confidences qui peuvent être connues de tout le monde.

L'amitié formée sous le regard de Dieu est une source de bonheur. Avoir un ami pieux, c'est posséder un trésor.

Le véritable ami n'est pas seulement le compagnon qui nous plaît, mais l'ange gardien visible qui nous aide à être sage. Celui-là n'est pas votre ami qui n'a pas le courage de vous reprendre.

28. — DIVERTISSEMENTS. — JEU

On peut employer à d'honnêtes divertissements quelques instants de la journée, afin de délasser l'esprit des occupations sérieuses, et le corps d'un travail trop pénible.

Le divin Maître autorise les délassements par l'invitation qu'il fit à ses disciples de prendre avec lui quelque repos au retour de leur mission, et en nous disant par saint Paul : *Réjouissez-vous dans le Seigneur.*

Mais il arrive souvent, hélas! que l'on se livre à des divertissements qui blessent la conscience. C'est là un désordre que l'on ne saurait assez déplorer, et qu'évite avec soin tout chrétien digne de ce nom.

Le plus ordinaire des divertissements est le jeu. La bienséance l'autorise en prescrivant de s'y comporter avec loyauté, de n'y employer que peu de temps, de n'y mettre jamais de passion.

Se conformant à ces règles et aux autres relatives au même objet, Victor, ainsi que ses frères et ses sœurs, n'envisagent le jeu que comme un délassement agréable, et non comme une affaire sérieuse ou de commerce; ils ne conçoivent même pas qu'on puisse s'y laisser dominer par l'avarice ni aller à l'emportement.

Ils s'interdisent les jeux de hasard. Ils préfèrent parmi les autres ceux qui exercent le plus le corps, prenant garde, en s'y livrant, de ne pas faire de contorsions messéantes, de rester toujours convenablement habillés et de ne point trop s'échauffer.

En jouant ils montrent de la gaieté, mais non une joie folâtre ou excentrique.

Ils agissent avec retenue et condescendance à l'égard de leurs compagnons de jeu, ne se moquant point des maladroits et cherchant toujours à faire plaisir.

Ils ne paraissent point indifférents et ne voudraient pas perdre la partie par pure complaisance. Ils tiennent aux règles du jeu, mais sans opiniâtreté. En cas de contestation, chacun expose simplement ses raisons avec calme et de son ton de voix ordinaire; si l'on ne se range pas tout de suite à son opinion, il n'hésite pas à s'en départir et à décider en faveur de ses contradicteurs.

Tous jouent loyalement, préférant cent fois perdre la partie que de la gagner par une tricherie ou un mensonge : ils savent que tromper quand il y a un enjeu est un larcin qui oblige à restitution ; que la supercherie est un indice de mauvaise éducation et de déloyauté; que quiconque est fripon au jeu manifeste par cela seul qu'il pourrait l'être aussi en d'autres circonstances.

Ils n'acceptent que les parties sans enjeu, ou dont l'enjeu est si minime, qu'il les laisse en quelque sorte indifférents au gain ou à la perte.

Si on leur en propose à enjeu considérable, ils refusent, appréhendant qu'il ne s'y mêle de la passion, et disant avec Mme Deshoulières :

Le désir de gagner, qui nuit et jour occupe,
    Est un dangereux aiguillon.

> Souvent, quoique l'esprit, quoique le cœur soit bon,
> On commence par être dupe :
> On finit par être fripon.

Lorsque Victor perd la partie, il n'en est point attristé ; lorsqu'il la gagne, il n'en témoigne qu'une joie médiocre.

Parfois il se retire après une ou deux parties perdues, car il est toujours permis à un perdant de cesser de jouer.

Si ses partenaires, trop sensibles à la perte, sont d'humeur fâcheuse, il ne se fait aucune peine de leurs paroles ; il manœuvre habilement pour les faire gagner, et évite dès lors de jouer avec eux. S'il a affaire à des trompeurs, il agit de même et ne paraît plus dans leur société.

Il n'accorde au jeu qu'un temps relativement restreint, puisque ce ne doit être qu'un délassement et non une occupation.

S'il s'apercevait qu'il se passionnât pour un jeu, quel qu'il soit, il s'en abstiendrait jusqu'à ce qu'il y fût devenu indifférent.

On peut être assuré, d'après ces dispositions, que jamais il ne mettra le pied dans les académies de jeux, qui ne sont pour la plupart que des écoles de friponnerie, où l'on expose sa fortune, sa réputation, le bien-être de sa famille, et même sa vie et son salut éternel.

Maximes et conseils.

Le jeu est la porte par où les plus ignobles passions s'introduisent dans la société.

Fuyez les cartes si vous ne voulez flétrir votre esprit, votre cœur et votre réputation.

Ne choisissez ou n'acceptez pour partenaires que des gens bien connus.

Soit que vous gagniez, soit que vous perdiez, votre figure doit rester impassible.

Rien de plus ridicule que la bouderie contre les gagnants.

Dès que le jeu ne vous est pas agréable, il faut cesser de jouer.

Le joueur passionné expose sur une carte ou sur un dé son honneur, sa fortune, son avenir.

On appelle dette d'honneur celle que l'on contracte au jeu : c'est à tort. La première dette d'honneur est celle que l'on a contractée envers l'ouvrier que l'on a fait travailler ou le commerçant à qui l'on a acheté le nécessaire.

Solder une perte faite au jeu lorsqu'on ne peut s'acquitter envers ses créanciers, c'est une injustice et une honte.

29. — CONDUITE ENVERS LES VIEILLARDS

Songez, mes chers enfants, qu'il faut que la jeunesse
Respecte les vieillards, écoute leurs discours,
Demande leurs conseils, leur donne ses secours
Et, par ses soins constants, soutienne leur faiblesse.

MOREL-VINDÉ, *Morale de l'enfance.*

Toute personne bien élevée respecte profondément la vieillesse. C'est ce que fait Victor, se souvenant qu'elle est par elle-même une supériorité; qu'elle est au-dessus des autres âges par la sagesse et l'expérience, et qu'elle est vénérée de quiconque a reçu une bonne éducation. Il lui paraît, avec raison, que l'honorer en ceux même qu'il ne connaît pas, c'est honorer ses grands-parents, pour lesquels il professe une filiale et cordiale vénération.

Il se rappelle parfois combien la vieillesse était respectée à Sparte et à Rome, où l'on avait pour elle tant de déférence. Surtout il pense que Dieu lui-même l'a honorée tout particulièrement en se nommant « l'Ancien des jours » et en prescrivant dans les livres sacrés d'avoir pour elle les plus grands égards.

Jamais il ne lui viendrait à la pensée de se moquer d'un vieillard infirme ou qui n'aurait plus l'usage de toutes ses facultés; car ce ne peut être qu'une stupide cruauté et le fait de gens pervertis ou mal élevés.

Il manifeste par ses paroles et par ses actes son

respect envers les personnes âgées, et ne laisse passer aucune occasion de leur rendre service ou de leur faire plaisir. Rencontrant un jour un femme septuagénaire qui marchait courbée sous un faix de bois mort, il s'offrit pour l'en décharger et le porter à son domicile. Il fut heureux de lui entendre dire : « Merci, mon enfant. Que le bon Dieu te bénisse pour ta charité ! »

Victor a remarqué que les vieillards aiment naturellement les enfants et les jeunes gens, et pour les contenter il recherche leur société. Toutefois il ne se met en rapport d'intimité qu'avec ceux qu'il sait très honnêtes et en état de l'instruire.

Comme il veut profiter de leur expérience, il écoute avec attention leurs récits et avec docilité leurs conseils, se souvenant de cette parole de l'*Imitation* : « Ne méprisez pas les proverbes des vieilles gens, parce qu'ils ne s'en servent pas sans sujet. »

Cette manière d'agir l'honore, parce que partout on estime ceux qui entourent de soins et de prévenances les personnes âgées ; elle lui est aussi une source de joie intérieure, et le rend l'objet des bénédictions de Dieu.

Maximes et conseils.

L'expérience consommée est la couronne des vieillards, et la crainte de Dieu est leur gloire. (Eccl. xxv, 8.)

La vieillesse est une couronne d'honneur quand elle suit la voie de la justice. (Prov. xvi, 31.)

Ne méprisez point les vieillards, car ceux qui vieillissent ont été comme nous ; leurs cheveux blancs leur sont une gloire. (Eccl. viii, 7. Prov. xx, 29.)

Ne méprisez point les discours des sages vieillards, et entretenez-vous de leurs maximes ; par ce moyen vous apprendrez d'eux la sagesse. (Eccl. viii, 9, 10.)

Trouvez-vous dans l'assemblée des vieillards, afin que vous puissiez écouter tout ce qu'ils vous diront de Dieu. (Eccl. vi, 35.)

30. — RELATIONS AVEC DIFFÉRENTES PERSONNES

L'enfant bien élevé d'après les principes du christianisme est toujours prêt, pour l'amour de Notre-Seigneur, à se soumettre à toute personne et à rendre service à quiconque en a besoin. Nous en avons un admirable exemple dans Victor.

Ce cher enfant va à tous avec un visage souriant et ne profère que des paroles aimables. Quoi qu'on lui demande ou que l'on souhaite de lui, il l'accomplit de bon cœur, à moins que ce ne soit défendu. Il se plaît à agir comme s'il était le serviteur de tout le monde.

Il montre un profond respect pour les dépositaires de l'autorité, se conformant à cette recommandation de saint Paul : *Soyez soumis aux puissances, car toute puissance vient de Dieu*, et sachant d'autre part que, par cela seul qu'un homme est l'organe de la loi, il a droit à une entière soumission dans ce qu'il prescrit de juste et de légal.

Victor observe à l'égard de toute personne les prescriptions de la politesse. Ainsi, lorsqu'il rencontre quelqu'un qu'il connaît, mais qui lui est supérieur, il le salue sans lui demander comment il se porte, parce que cela ne se fait guère qu'entre égaux ou de supérieur à inférieur.

Lorsqu'il a été en rapport direct avec des personnes d'un rang élevé, il ne parle d'elles qu'en termes très respectueux. Il ne dirait point, par exemple : « Monsieur m'a appelé... Madame m'a confié cette mission, » car c'est trop brusque ; mais : « Monsieur a eu la bonté de m'appeler. Madame me fit l'honneur de me confier cette mission. »

Il s'exprimerait avec la même réserve s'il avait été en leur compagnie. Ainsi au lieu de : « Nous visitâmes le château. — Nous rencontrâmes des étrangers, » il dirait, comme s'il eût été absent : « Monsieur visita le château. — Monseigneur rencontra des étrangers. »

Il évite d'être familier avec des gens d'une plus

haute condition que la sienne, lors même qu'ils l'y provoqueraient. Il est bien entendu qu'il ne leur répond jamais par un *oui* ou un *non* tout courts; car, si c'est messéant envers un égal ou même un inférieur, c'est injurieux envers un supérieur.

S'il avait à parler d'une dame à son mari, il ne dirait pas « votre femme », ni « votre épouse », mais : « Madame N. » Supposé que ce monsieur s'appelât Richard et qu'il eût à lui en demander des nouvelles, il dirait : « Comment se porte madame Richard? »

Il ne dirait pas non plus : « Comment se porte votre fille, » mais : « Comment se porte mademoiselle Richard? » ou : « mademoiselle Louise? » la désignant par son nom de baptême.

Si ses parents avaient des domestiques, il les traiterait comme ses frères en Jésus-Christ, ne leur parlerait qu'avec douceur, se montrerait reconnaissant de leurs services; mais il s'abstiendrait rigoureusement de toute familiarité avec eux, et ne laisserait rien ignorer à sa mère ou à son père de ce qu'ils lui auraient dit en particulier.

S'il était lui-même dans la domesticité, il en remplirait fidèlement tous les devoirs : il respecterait ses maîtres et le montrerait par ses paroles et ses procédés; ainsi il ne leur parlerait qu'à la troisième personne et éviterait de s'asseoir en leur présence; il prendrait à cœur leurs intérêts comme les siens propres; il leur obéirait exactement et chercherait même à prévenir leurs désirs; il garderait le silence sur ce qui se passe à l'intérieur et que le public doit ignorer : ils pourraient se reposer entièrement sur sa probité et sa discrétion.

Lorsqu'il sera en apprentissage, ses patrons le trouveront toujours très respectueux et très docile. Devenu ouvrier, il ne se départira point de sa soumission et de ses bons procédés. Il tiendra la même conduite dans l'état militaire, gardant la discipline, respectant ses chefs et s'efforçant de se rendre digne de leur confiance et de leur affection.

Outre les personnes en dignité et les vieillards, Victor honore particulièrement les dames, comme le veut la politesse française, et ne manque aucune occasion de les prévenir d'égards.

Lorsqu'il va dans un magasin, il entre sans frapper; s'il n'y a personne, il appelle ou fait du bruit. Quand le maître ou son employé se présente, il le salue, se recouvre et expose simplement sa demande. S'il ne trouve pas ce qu'il voulait, il s'excuse du dérangement qu'il a occasionné et se retire poliment.

Lorsqu'il est avec des étrangers, il se montre respectueux et très serviable; mais il ne leur manifeste pas la même cordialité qu'à ses proches. Sans leur marquer de la défiance, il se tient néanmoins sur la réserve, ne leur dit rien de secret et ne leur confie aucun dépôt.

S'il a affaire à des gens bizarres, excentriques, mécontents, il les supporte de bonne grâce, s'exerce à leur occasion à la vertu de patience, et veille sur lui pour ne pas les imiter. Si l'on n'est pas poli à son égard, il ne cesse pas pour cela de l'être à l'égard des autres. Il ne s'aigrit point de paroles dures, et, comme l'ordonne le divin Maître, il aime jusqu'à ses ennemis.

Si on l'a offensé, il n'en conçoit ni rancune ni désir de vengeance, et n'hésite pas à faire les premières avances pour opérer la réconciliation.

Il ne jalouse point les personnes d'une condition plus élevée que celle de sa famille, ou qui sont mieux favorisées que lui des dons de la nature.

Il sait reconnaître les services qu'on lui rend, et professe pour ses bienfaiteurs une cordiale estime et un vif attachement. Son dévouement à leur égard le porte à prier pour eux et à chercher toute occasion de leur faire plaisir.

Dans ses maladies, Victor se montre fort reconnaissant envers le médecin et les autres personnes qui le soignent, et évite de se plaindre sans grave sujet. Il supporte son état avec patience, par des motifs de religion, spécialement en vue d'expier pour ses péchés et de se rendre conforme à Jésus souffrant.

En un mot, il est fidèle à s'acquitter envers tous de ce que prescrit la politesse et à sanctifier ses relations et les diverses situations où il se trouve. Cette fidélité lui est honorable devant les hommes et surtout méritoire aux yeux de Dieu.

Maximes et conseils.

Rendez l'honneur à qui vous devez l'honneur. (Rom. XIII, 7.)

Que chacun, selon le don qu'il a reçu, rende service à son prochain. (I S. Pierre, IV, 10.)

Recherchez la paix avec tous et vivez dans la sainteté. (Hébr. XII, 14.)

Honorez le médecin : l'art qu'il exerce vient de Dieu, qui a créé tout ce qui guérit et l'a fait connaître aux hommes. (Eccl. XXXVIII, 1, 6.)

Serviteurs, soyez soumis à vos maîtres avec toute sorte de respect. (I S. Pierre, II, 18.)

Obéissez-leur en tout ce qui est juste comme à Jésus-Christ même. Servez-les avec affection, regardant en eux le Seigneur et non les hommes. (Éph. VI, 6, 7. Col. III, 22.)

Maîtres, témoignez de l'affection à vos serviteurs, sans les rudoyer, sachant que vous avez dans le ciel un maître commun qui n'aura point égard à la condition des personnes. (Éphés. VI, 9.)

31. — VOISINAGE ET COHABITATION

L'enfant bien élevé est attentif à ne point incommoder les gens du voisinage : il évite de faire du bruit près de leur domicile; il s'abstient de chanter même chez lui s'il s'aperçoit que ce ne leur est point agréable.

Il se fait un plaisir de leur rendre service, surtout s'ils sont pauvres ou malades.

Il s'efforce de n'avoir que de bons rapports avec eux. Toutefois, comme il pourrait s'en rencontrer qui tendissent des pièges à sa sincérité ou même à sa vertu, il est très discret en leur parlant, et ne laisse rien ignorer à ses parents de ce qu'ils lui ont dit.

S'il est avec des camarades, dans un même logement, il se montre très poli à leur égard et leur cède volontiers en cas de contestation. Il se maintient dans la paix lors même qu'il a affaire à des gens qui le contrarient. Animé de la charité chrétienne et de la vraie humilité, il ne sait ce que c'est que de se fâcher et s'indigner sinon contre lui-même.

Il veille sur lui pour ne causer aucun désagrément à ceux avec lesquels il habite. Si, par exemple, il doit ouvrir une porte, une croisée, il ne le fait pas brusquement, mais leur en demande la permission. Il observe exactement le règlement imposé ou convenu, et tient très propre ce qui est à l'usage de tous.

S'il couche dans un dortoir commun, il y garde le silence et veille tout particulièrement sur soi pour être toujours convenable. Il respecte le sommeil de ses compagnons, portant l'attention jusqu'à marcher sans bruit, afin de ne point les réveiller.

Dans le cas où ses voisins de dortoir ne se conduiraient pas bien, il demanderait à changer de place, et insisterait; car il ne faut jamais s'exposer à pécher.

Il est fidèle à ses pratiques religieuses et donne, au dortoir comme ailleurs, l'exemple d'une conduite véritablement chrétienne, révélant qu'il se considère toujours comme étant en présence des anges et sous le regard de Dieu.

C'est d'après ces bienséances que Victor règle sa conduite. Aussi toutes les personnes du voisinage ou qui ont habité avec lui n'ont-elles qu'à se louer de ses procédés à leur égard.

32. — CONVERSATION

I. — RESPECT DE LA RELIGION ET DE LA MORALE

La première règle de politesse relative à la conversation est d'y respecter la religion et la morale, et c'est tout d'abord ce que fait ou exige Victor et, avec lui, tout enfant bien élevé.

Il sait qu'un véritable chrétien témoigne, en toutes

circonstances et en particulier dans ses entretiens, son estime, sa vénération pour ce qui a rapport au culte divin et aux bonnes mœurs.

Il considère comme opposées tout à la fois à la politesse et à la loi de Dieu les paroles impies ou déshonnêtes. S'il en entendait proférer, il quitterait aussitôt la société en se disant : « Ce n'est point ici la place d'une personne qui se respecte. »

Il évite de prononcer sans attention le saint nom de Dieu ou de Jésus-Christ et les autres consacrés par la religion, et d'employer des paroles de la sainte Écriture comme sujet de risée. S'il a occasion de les citer, il les prononce avec foi et respect, pour s'animer lui-même ou animer les autres à la pratique du bien.

Sachant, comme l'exprime l'auteur de l'*Imitation*, qu'une pieuse conférence entre des personnes d'un même esprit et d'un même cœur peut beaucoup servir à notre avancement spirituel, ce cher enfant est heureux lorsqu'il est dans une société où l'on parle avec amour de Dieu, de Jésus-Christ, de l'Église et de ses pasteurs. Il fait tout ce qu'il peut pour maintenir l'entretien sur ces grands objets, se conformant ainsi à cette autre maxime de l'*Imitation :* « S'il vous est permis de parler, parlez de choses qui servent à votre édification. »

II. — RESPECT DES PERSONNES ET DES USAGES

La conversation, étant pour l'ordinaire un agréable entretien, se fait en langage simple, aisé, gracieux, sans trivialité comme sans affectation. Tout y doit manifester le respect des personnes et des usages de la bonne société.

C'est à quoi Victor se rend tout particulièrement attentif. Il se montre constamment poli envers tous, lors même qu'il aurait affaire à des gens sans éducation.

Son ton de voix est naturel et aisé, doux sans être langoureux, précis et énergique sans avoir rien de brusque ni de tranchant. Il parle simplement, et, autant que possible, il ne dit que des choses aimables.

Quand on l'interroge, il répond avec modestie en faisant une légère inclination de tête, mais pour l'ordinaire sans se découvrir. Il a soin de faire entrer dans ses réponses le titre de *monsieur, madame* ou autre, selon la personne à laquelle il s'adresse.

Il évite d'interroger ceux à qui il doit de la considération. S'il croyait opportun de le faire, il s'exprimerait en termes fort honnêtes et avec beaucoup de circonspection. Au lieu de dire, par exemple : « Irez-vous à la campagne? » il dirait : « Monsieur ira sans doute à la campagne? »

Si l'on pose une question s'adressant à toute la société, Victor laisse répondre les personnes qui lui sont supérieures. Il ferait de même si, plus avancé en âge, il prenait part à une délibération : il ne s'empresserait pas de donner son avis; mais quand son tour d'opiner serait venu, il se lèverait, saluerait le président et l'assistance et exposerait simplement sa pensée.

En entrant dans une société où l'on converse, il ne s'enquiert pas de ce qu'on a dit : il se contente d'écouter jusqu'à ce qu'il puisse se mêler à propos à l'entretien.

En parlant, il ne fait pas de gestes ou n'en fait que fort peu. Son ton de voix, comme ses paroles elles-mêmes, manifeste son respect pour la société.

Il n'aurait garde de blâmer ou de mépriser ce que disent les autres; car c'est une règle de politesse de témoigner de l'estime pour les personnes qu'on fréquente, et de respecter leur sentiment dès qu'il n'est pas contraire à la loi de Dieu.

S'il se croyait obligé de contredire, il s'y prendrait de manière à ne point froisser. Au lieu de : « Ce n'est pas vrai. C'est faux. Vous m'avez manqué de de parole... » ou toute autre expression de ce genre révélant la grossièreté ou la mauvaise éducation, il dirait : « Permettez : peut-être ne vous a-t-on pas bien renseigné. Monsieur ne s'est peut-être pas souvenu de ce qu'il m'avait fait espérer... »

Il ne dirait pas non plus : « Si ce que vous avancez est vrai, » parce que ce serait supposer l'interlocuteur capable de mentir; mais : « Selon ce que dit Monsieur. »

Si quelqu'un lui parle d'une manière irrespectueuse, il fait semblant de ne pas s'en apercevoir; et si on lui en présente des excuses, il témoigne gracieusement qu'il n'a pas été offensé.

Il est fort éloigné de se moquer de ce qui se dit, se rappelant qu'il n'est point permis de causer de la confusion au prochain, et se disant : « Peut-être n'ai-je pas bien saisi la pensée exprimée. »

Victor ne se récrée jamais aux dépens de qui que ce soit; il ne comprend même pas que l'on puisse trouver du plaisir en des paroles qui peinent les autres.

S'il parle des absents, il le fait d'une manière respectueuse, en termes qui marquent de la déférence où tout au moins de la considération.

Il regarde les personnes avec lesquelles il converse, mais non fixément, car ce serait effronterie; il ne les approche pas non plus de trop près.

S'il s'entretient avec ses supérieurs, il est très respectueux, mais sans contrainte. Si c'est avec son directeur de conscience, il se montre en outre très confiant, lui dévoilant toute son âme et recevant ses avis comme donnés de Dieu même.

En s'entretenant avec ses égaux, cet aimable enfant est naturellement plus à l'aise. Toutefois il ne s'écarte point des règles du respect. Jamais, par exemple, il ne se permettrait des expressions triviales, telles que : « bisquer, blaguer... »

Il sait qu'il est impoli, en société, de parler en particulier à quelqu'un, ou de se servir d'expressions que tous ne comprennent pas. S'il avait quelque secret à dire, il attendrait le moment de la séparation; dans le cas où ce serait pressé, il demanderait permission à la société de se retirer à l'écart.

Il sait aussi qu'il est contraire à la bienséance

d'écouter en curieux ce qui se dit à part, de trop élever la voix, d'interrompre celui qui parle.

Si quelqu'un fait une faute de langage ou contre les usages reçus, Victor agit comme s'il ne s'en était point aperçu. S'il avait mission de la relever, il le ferait en particulier; car on doit éviter de reprendre ou de réprimander en société.

S'il a occasion d'employer des mots d'origine étrangère, mais peu usuels, il les prononce à la française.

Quand une personne narre un fait, il ne dit point qu'il le connaît, ni qu'il l'a lu ou entendu raconter. Si elle commettait des inexactitudes, il paraîtrait n'y point faire attention.

Lorsqu'il est lui-même le narrateur, il se garde bien de préluder à son récit en disant, comme quelques-uns : « Écoutez, vous allez rire... » Il expose simplement le fait d'un ton naturel et enjoué.

S'il parle d'un événement malheureux, il s'exprime avec un accent ému, qui manifeste combien son cœur est sensible aux peines du prochain.

En s'adressant à quelqu'un, il dit *monsieur, madame, mademoiselle*, sans y joindre le nom de famille. S'il parle des parents de son interlocuteur, il dit *monsieur votre père, madame votre mère...*

Lorsque Victor fait une demande, il veille à n'employer que des expressions très respectueuses, telles que : « Ayez, je vous prie, la bonté de nous rendre ce service. — Nous vous serions fort reconnaissants si vous daigniez nous venir en aide... »

Ses parents lui ont fait comprendre que, pour être poli en conversation, il faut tout aussi bien savoir écouter que savoir parler ; c'est pourquoi il se rend attentif à l'entretien lors même qu'on n'y dirait rien d'intéressant : il aime mieux supporter l'ennui que de contrister celui qui parle, en ne l'écoutant pas ou en ne lui prêtant qu'une oreille distraite.

Par l'effet de son attention à écouter, il ne se met point dans le cas de faire répéter ce qui lui a été dit, sous prétexte qu'il ne l'a pas entendu.

Il est superflu de rappeler qu'il ne s'amuserait pas à parler à son chien ou à son chat, ni à les caresser quand quelqu'un a la parole; car c'est tout à fait contraire aux règles de la bienséance.

Il fait en sorte de ne pas bâiller en société, parce que c'est une marque d'ennui. S'il ne peut s'en empêcher, il se met la main devant la bouche ou bien il se retire. Par le même motif, il s'abstient de regarder souvent quelle heure il est, parce que c'est également un signe d'ennui.

S'il se sentait porté au sommeil, il s'efforcerait de se tenir éveillé; et dans le cas où ce lui serait trop difficile, il quitterait la société.

Maximes et conseils.

Prenez bien garde de ne pas faire de fautes par la langue. (Eccli. xxviii, 30.)

Ne soyez point prompt à parler. (Eccli. iv, 34.)

Celui qui se répand en paroles blessera son âme. (Eccli. xx, 8.)

Il en est qui se taisent et sont reconnus pour sages; il en est d'autres qui se rendent méprisables par l'intempérance de leurs paroles. (Eccli. xx, 6.)

Ne proférez point de mauvais discours. Qu'il ne sorte de votre bouche que de bons propos, propres à nourrir la foi et à inspirer la piété. (Éphés. iv, 29.)

Qu'on n'entende point parmi vous de paroles déshonnêtes, impertinentes ni bouffonnes. (Éphés. v, 4.)

Ne répondez point avant d'avoir écouté. N'interrompez pas celui qui parle. (Eccli. xi, 8.)

33. — CONVERSATION (Suite)

III. — RESPECT DE LA VÉRITÉ

Le mensonge est un vice odieux, qu'il faut éviter avec le plus grand soin. Le Sage l'appelle une tache honteuse, et ajoute que *la vie des menteurs est une vie sans honneur*, que couvre tôt ou tard la confusion.

Ce qui approche du mensonge est par cela seul déshonorant, telles sont les équivoques, les fausses excuses, la flatterie... User de tromperie dans ses paroles fait passer pour fourbe et ôte toute confiance : on ne croit plus un menteur lors même qu'il dit la vérité.

On est rarement tenu à dire tout ce que l'on pense; mais on l'est toujours à ne point dire ce qu'on ne pense pas.

Il faut non plus ne rien promettre que de licite et que l'on puisse tenir; mais toute promesse faite dans ces conditions doit être remplie. La fidélité, comme la sincérité, honore, tandis que tromper ou manquer à sa parole rend méprisable; car c'est contraire à l'Évangile et à l'honnêteté.

La bonne foi doit être l'âme de la conversation.

La louange elle-même doit être marquée au cachet de la vérité. La politesse bien comprise interdit de trop élever les personnes au-dessus de leur mérite réel, de se servir de termes exagérés, qui dès lors ne sont plus que de la flagornerie, de blesser leur modestie ou, comme le dit Boileau, de leur donner de l'encensoir au travers du visage.

Il faut beaucoup estimer, mais ne pas trop louer, parce qu'il y a à craindre d'une part le manque de sincérité, et de l'autre la vanité. Les compliments doivent être inspirés par le cœur et exprimés d'une manière simple et naturelle. Il faut aussi qu'ils soient rares, courts et faits avec beaucoup de prudence et de circonspection.

C'est d'après ces divers principes que se dirige Victor. Il n'aurait garde de mentir même sous forme de jeu; aussi a-t-il la réputation d'être incapable de tromper.

Jugeant les autres d'après ses propres dispositions, il les croit sur parole; et comme il veut qu'on le croie de même, il ne confirme jamais ce qu'il avance par les expressions *parole d'honneur, je vous l'assure...,* ou autres analogues. Selon la recommandation de Jésus-Christ, il expose simplement le fait; il dit : *Cela est,* ou : *Cela n'est pas,* sans rien ajouter.

Ce cher enfant est très poli envers tous, mais il n'est point flatteur : il ne manifeste que l'estime qu'il professe, et considère l'exagération dans la louange comme un mensonge ou une hypocrisie.

Il exprime ses pensées en termes simples et avec la plus grande sincérité ; il ne parle que de ce qu'il connaît et n'affirme rien dont il ne soit sûr. Si le fait dont il s'agit n'est que probable, il le présente comme tel ou évite d'en parler.

IV. — RESPECT DE LA RÉPUTATION ET PRATIQUE DE LA CHARITÉ

L'auteur de l'*Imitation de Jésus-Christ* dit, en parlant des conversations : « Combien c'est une bonne chose et qui contribue à la paix d'être réservé à s'entretenir du prochain, de n'en rien dire de mal et de ne pas croire indifféremment tout ce qu'on nous dit à son sujet !

« Hélas ! nous sommes si faibles, que nous nous portons d'ordinaire à croire et à dire des autres le mal plutôt que le bien.

« L'homme passionné croit aisément le mal, et même appelle mal ce qui ne l'est pas ; au contraire, l'homme juste et pacifique tourne tout en bien.

« Rien n'est plus opposé à la charité que les rapports : ils aigrissent les esprits, ulcèrent les cœurs, entretiennent les divisions, activent les haines. »

Bien avant lui, le Sage avait dit, en parlant de la médisance et des rapports malveillants : *Si vous entendez médire, bouchez-vous les oreilles avec des épines et éloignez-vous.*

Ne rapportez pas à quelqu'un ce qu'un autre a dit de lui ; car le semeur de rapports sera haï.

Ces maximes ne diffèrent point, quant au fond, de celles de la bienséance. La politesse ne permet pas, en effet, que l'on fasse de la peine au prochain ; elle considère comme malhonnête de trouver toujours à critiquer dans les autres ; elle prescrit de ne point parler des absents ou de n'en dire que du bien.

Elle interdit de mentionner des défauts qui sont aussi en des personnes présentes, de faire des rapprochements offensants, de rappeler des faits humiliants, disant, par exemple : « Tel était en colère comme vous lundi dernier. — On dit qu'étant enfant vous étiez gourmand et paresseux. »

Il arrive parfois que l'on s'échauffe dans les contestations jusqu'à se dire des paroles offensantes. On oublie alors que les injures blessent la charité, et choquent la bienséance ; qu'elles sont expressément condamnées par Jésus-Christ dans le saint Évangile ; qu'ainsi elles ne doivent jamais se rencontrer dans la bouche d'un chrétien.

Le serviteur de Dieu, dit saint Paul, *ne doit point contester.* Il ne faut pas, sans de graves motifs, s'opposer au sentiment des autres ni s'ériger en critique ou en censeur. La prudence et la charité commandent de ne rien proposer qui soit de nature à exciter des contestations et à soulever des querelles.

La raillerie est le plus souvent contraire à l'honnêteté ou au respect dû au prochain. Quand elle a pour objet un défaut naturel ou une disgrâce, elle témoigne de lâcheté et de bassesse d'esprit : il n'y a que des gens sans cœur qui puissent insulter à l'infortune.

Il est une sorte de raillerie permise dans la conversation ; elle consiste à dire des paroles spirituelles, enjouées, agréables à la compagnie et respectant toujours les personnes et l'honnêteté. Mais il est peu de gens qui sachent s'en servir. Plusieurs, en voulant faire de l'esprit, tombent dans l'affectation et le ridicule : ils pensent divertir la société lorsqu'ils s'en font mépriser.

Instruit de ce qu'exige la bienséance au sujet du respect du prochain dans la conversation, le jeune Victor ne dit rien qui puisse peiner ou humilier. Il ne parle d'autrui que d'une manière avantageuse, sinon il s'abstient d'en parler.

Il s'interdit toute ironie, toute parole moqueuse, se rappelant qu'elles sont contraires à l'esprit de l'Evangile et dénotent une mauvaise éducation.

S'il est lui-même l'objet de la raillerie, il la prend en bonne part et n'en manifeste aucune peine ; car la politesse et plus encore l'esprit chrétien demandent que l'on ne se chagrine point de ce qui nous est dit, quelque désagréable ou injurieux que ce puisse être.

Lorsqu'il entend faire l'éloge de quelqu'un, il y adhère simplement ou le confirme. Jamais il ne se permettrait de l'amoindrir par un *mais*, qui, pour l'ordinaire, ôte toute l'estime que l'on avait conçue de la personne dont on s'entretient.

Si l'on parlait en mal des absents, il prendrait leur défense dans la mesure du possible ou détournerait adroitement la conversation.

Il respecte scrupuleusement la réputation du prochain, l'autorité quelle qu'elle soit, et la mémoire des morts.

La médisance lui est en horreur, ainsi que les rapports propres à faire naître ou à entretenir la désunion. S'il entend une parole contre le prochain, il n'y ajoute pas foi aisément, excuse autant que possible celui qu'elle incrimine, et la fait mourir en lui-même, voulant non seulement ne la rapporter à personne, mais ne pas même se la rappeler.

Maximes et conseils.

Interdisez-vous toute médisance et toute parole de tromperie. (I S. Pierre, III, 10. Sag. I, 11.)

Le médisant est l'abomination des hommes : n'ayez point de commerce avec lui. (Prov. XXIV, 9, 21.)

Ne parlez point mal les uns des autres. (S. Jacques, IV, 11.)

Évitez les disputes, les contestations, et vous diminuerez les péchés. (Eccli. XXVIII, 10. Tite, III, 2.)

Le Seigneur hait celui qui fait naître la discorde entre des frères. (Prov. VI, 19.)

Le semeur de rapports attire sur soi la haine, l'inimitié et l'infamie. (Eccli. V, 17.)

Quand il n'y a plus de bois au feu, il s'éteint ; de même quand il n'y aura plus de semeurs de rapports, les querelles s'apaiseront. (Prov. XXVI, 20.)

Avez-vous entendu une parole offensante pour le prochain, ne la rapportez pas; faites-la mourir en vous-même. (Eccli. xix, 7, 10.)

34. — CONVERSATION (Suite)

V. — MODESTIE ET HUMILITÉ

La religion, et avec elle la politesse, prescrit de bien veiller sur nos paroles pour qu'elles n'expriment que des sentiments humbles et modestes, comme il convient à des chrétiens. L'auteur de l'*Imitation* insiste sur ce devoir : « Celui qui se connaît bien, dit-il, n'a que du mépris pour lui-même et ne prend aucun goût aux louanges qu'on lui décerne.

« N'avoir aucune bonne opinion de soi et estimer beaucoup les autres, c'est une grande sagesse et une haute perfection : c'est la marque d'une âme humble.

« Quelque adroit ou quelque habile que vous soyez, n'en tirez point vanité. Ne vous enorgueillissez pas de vos bonnes œuvres. Si vous avez quelques qualités, croyez que les autres en ont de meilleures. N'ayez point de complaisance en vous-mêmes, de peur que vous ne déplaisiez à Dieu, de qui vient tout ce que vous avez de bon ou de louable.

« Ne vous fiez point à vos propres lumières, et gardez-vous de vous opiniâtrer à votre propre sens.

« Ne contestez pas. Si votre avis est bon et que, pour l'amour de Dieu, vous le quittiez pour en suivre un autre, vous en avancerez davantage dans la perfection : agir autrement est une marque d'orgueil. »

Ces maximes ne diffèrent non plus que pour la forme des règles de la bienséance relatives au même objet, et dont voici les principales :

« Il est malhonnête de parler de soi à tout propos et de faire des comparaisons entre sa conduite et celle des autres : on rend par cela même la conversation ennuyeuse, et l'on se fait mépriser.

« L'homme sage ne parle de ce qui le regarde que

pour répondre à ce qu'on lui demande, et il le fait chaque fois avec modération et modestie.

« Se vanter, se louer soi-même est malséant et dénote un petit esprit. Un chrétien ne doit se faire connaître que par sa conduite; c'est à ses actions à manifester ce qu'il est : il ne parle de lui ni en bien ni en mal.

« Qui s'admire dans ce qu'il dit n'est admiré que de soi. Le tact dans la conversation consiste non pas à montrer l'esprit qu'on a, mais à faire paraître l'esprit des autres.

« Rire après avoir dit quelque bon mot ou regarder si les autres en rient, c'est révéler que l'on croit avoir dit une merveille lorsque ce n'est peut-être qu'une platitude.

« Il est des personnes qui entretiennent constamment la société de leurs voyages, des accidents qui leur sont arrivés, etc. Il leur semble que ces récits plaisent à l'auditoire, quand, pour l'ordinaire, ils l'ennuient. Ils sont, d'ailleurs, une marque d'amour-propre et de vaine complaisance.

« Dans le cas d'une délibération, il est incivil de s'opiniâtrer à son avis et de contester pour le faire prévaloir : on ne doit pas tenir si fort à son propre sentiment, qu'on refuse de se soumettre à celui des autres. La passion n'est pas un moyen honnête d'appuyer notre dire, pour le faire croire raisonnable. »

Voyons maintenant comment Victor, l'enfant bien élevé, met en pratique ces maximes ou ces règles.

Humble de cœur, comme doivent l'être les vrais disciples de Jésus-Christ, il évite la vaine complaisance et l'ostentation, et cache avec humilité ce qui, en son état ou ses actions, paraît louable ou digne d'être admiré.

Il ne dit rien à sa louange, conformément à ce conseil du Sage : *Que ce soit un autre qui vous loue, et non votre propre bouche.*

Il ne se fait point un sujet de vanité de ses parents, de ses amis, de sa naissance ni de tout autre avantage temporel.

Il ne s'attribue aucun bien, et ne veut pas que l'on parle avantageusement de lui. Il souhaite que Dieu seul soit béni dans ses dons, comme celui qui les répand par pure charité.

Lorsque Victor parle de lui-même et de quelque autre, il se nomme le dernier, disant, par exemple : « ma sœur et moi, » et non : « moi et ma sœur. »

Il évite la forme impérative. Ainsi au lieu de : « Venez ici, » il dira : « Voudriez-vous, je vous prie, venir ici ? » Il ne prend jamais un ton tranchant ou trop animé.

S'il doit présenter une excuse, il dit simplement qu'il a eu tort et demande pardon.

Il ne présume de rien avec orgueil, évite les contestations, ou du moins ne s'opiniâtre pas à son sens. S'il lui arrive d'avancer une erreur, au lieu de la soutenir, comme font certains entêtés, il est le premier à la condamner, ce qui, du reste, est le vrai moyen de s'en tirer honorablement.

Pour se soutenir dans cette constante attention à ce qu'il dit et dans cette fidélité à la pratique de la retenue et de la modestie, il se rappelle entre autres cette maxime de l'apôtre saint Jacques : *Celui-là est parfait qui ne pèche point dans l'usage de la parole* (III, 2).

Maximes et conseils.

Ne vous élevez point dans vos sentiments, mais tenez-vous dans les bornes de la modération. (Rom. XII, 3.)

Ne nous laissons point aller à la vaine gloire, nous piquant et nous jalousant les uns les autres. (Gal. V, 26.)

Ce n'est pas celui qui se rend témoignage qui est vraiment estimable, mais celui à qui Dieu rend témoignage. (II Cor. X, 18.)

Ne faites rien par esprit de contention et de vaine gloire : que chacun, par humilité, croie les autres au-dessus de soi. (Philipp. II, 3.)

Qu'avez-vous, que vous ne l'ayez reçu ? Et si vous l'avez reçu, pourquoi vous en glorifier comme si vous le teniez de vous-même ? (I Cor. IV, 7.)

C'est le comble de l'ignorance que d'être orgueilleux. (FÉNELON.)

35. — CONVERSATION (Suite)

VI. — PRUDENCE

La bienséance, non moins que la religion, recommande d'être très prudent dans la conversation. Elle prescrit spécialement :

1° De parler peu, mais de beaucoup écouter ;

2° De ne parler qu'à propos, avec calme et réflexion, sans rien dire d'indiscret ni d'offensant pour personne ;

3° De ne pas entretenir la société seulement de futilités, mais de sujets sérieux et intéressants.

L'*Imitation de Jésus-Christ* insiste sur ces règles.

« D'où vient, y est-il dit, que nous aimons tant à parler et à nous entretenir ensemble, puisque si souvent nous ne nous séparons pas sans avoir blessé notre conscience ?

« Un ancien, Sénèque, a dit : « Je n'ai jamais été
« parmi les hommes que je n'en sois revenu moins
« homme. » C'est ce que nous expérimentons quand nos conservations sont prolongées.

« Il est plus aisé de se taire que de ne point trop parler.

« C'est une grande sagesse de ne pas se laisser aller au premier vent des paroles. Il ne faut pas exprimer tout ce qui nous vient à la pensée ni croire tout ce qu'on nous dit, parce que l'homme est naturellement enclin au mal et sujet à pécher en paroles.

« Chaque chose doit être pesée selon Dieu, avec précaution et à loisir.

« L'homme prudent n'ajoute pas foi à toute sorte de discours, et ne s'empresse pas non plus de rapporter ce qu'il a appris ou ce qu'il croit. »

Le Sage, recommandant la prudence dans les entretiens, a dit : *Fondez votre or et votre argent, et faites-vous une balance pour peser vos paroles.*

La conduite de l'enfant bien élevé que nous présentons pour modèle est conforme à ces maximes.

En effet, Victor parle peu, mais écoute beaucoup,

sachant d'ailleurs que c'est là le rôle des enfants et des adolescents. Quand il est avec des personnes supérieures, il ne rompt le silence que lorsqu'on l'interroge; alors même il ne se hâte pas de répondre : il laisse achever la question et réfléchit sur ce qu'il va dire.

Avec ses égaux il n'a pas évidemment la même retenue; car il faut, pour que la conversation soit intéressante, que chacun y contribue pour sa part. Il préfère parler plus souvent, mais moins longtemps; il est sûr alors que, s'il ne peut plaire, du moins il n'ennuiera pas.

S'il n'est pas bien instruit du sujet sur lequel on confère, il se borne à écouter et s'abstient de donner son avis.

Il ne dit rien inconsidérément; il ne parle qu'à propos et après avoir mesuré la portée de ses expressions. Pour peu qu'il appréhende de manquer de réserve, il préfère garder le silence.

Il ne propagerait pas de nouvelles, à moins qu'elles ne fussent édifiantes et très sûres.

Il ne compare point les personnes entre elles ni avec d'autres; car ce serait contraire à la politesse, qui estime que toute comparaison de cette espèce est oiseuse ou injurieuse.

Jamais il ne hasarderait une plaisanterie avec un supérieur ou un inconnu, quelque inoffensive soit-elle, parce que c'est impoli. De même, il ne demanderait pas à une personne supérieure ou peu connue : « D'où venez-vous ? Où allez-vous ? » Ce serait, dans ce cas, une curiosité indiscrète.

Lorsque, dans la conversation, une personne a de la peine à trouver ses mots, il ne se presse pas de l'aider, appréhendant de lui causer quelque confusion.

Il ne demande pas d'informations sur telle ou telle personne à des gens qu'il ne connaît pas suffisamment; du moins il n'y ajoute pas une foi entière, car il pense qu'ils sont portés naturellement à exagérer en bien ou en mal, selon qu'ils en sont les amis ou les adversaires.

Il évite de louer une personne en présence de ceux qui a jalousent ou qui sont en différend avec elle.

Victor n'oublie point qu'il est de l'honnêteté, aussi bien que de la piété chrétienne, de juger en bien des autres et de ne pas les contrister sans un grave motif. Il évite de contredire, et s'il se croyait obligé de le faire, il y mettrait tant de douceur, que celui qu'il aurait repris n'aurait sujet que de lui en témoigner sa reconnaissance et de l'en aimer davantage.

S'il avait affaire à un esprit contradicteur, il se tiendrait sur la réserve; car, comme l'exprime un proverbe, *se disputer avec un grand parleur, c'est mettre du bois dans le feu.*

Quand on le contredit, il cède volontiers, à moins que l'on ne soutienne une opinion condamnée par l'Église. S'il se trouvait dans ce cas, il parlerait selon sa conscience ou quitterait la société.

Jamais il ne donnerait un démenti formel, parce que c'est une grave offense. Si les autres disent quelque chose de faux ou d'inexact, il propose simplement sa pensée, mais avec tant de déférence, que ceux qui sont d'un sentiment contraire ne peuvent s'en faire de la peine. En ces occasions se réalise la maxime du Sage: *La parole douce acquiert des amis et apaise les ennemis.*

Si l'on doute de sa sincérité, il ne s'en offense pas et n'a recours à aucune sorte de jurement pour appuyer son dire : il se contente d'élever sa pensée vers Dieu et de lui offrir cette humiliation.

Il n'aurait garde de parler défavorablement d'un pays ni d'une profession; « car, se dit-il, tout pays a ses avantages, toute profession honnête a droit au respect. » Au besoin, il se rappelle le proverbe: « Il n'y a pas de sot métier, mais seulement de sottes gens. »

S'il sait quelque chose de confidentiel ou sous le sceau du secret, Victor veille bien sur ses paroles pour n'en rien révéler, sachant qu'une indiscrétion de cette nature est un péché, qu'elle constitue une grave offense personnelle, et que, pour l'ordinaire, elle détruit à jamais l'amitié.

Il évite de faire des promesses. Si on lui en demande, il prend du temps pour réfléchir, et n'accède que lorsqu'il est parfaitement sûr qu'il en connaît bien toute la portée; qu'elles n'ont rien d'opposé à la loi de Dieu ou de l'Église; qu'il pourra aisément les tenir, et qu'il n'aura jamais regret de les avoir faites. Pour peu que ces caractères ne soient pas évidents, il refuse absolument de rien promettre. Dans le doute, il consulterait ses parents et son directeur de conscience.

Conformément à d'autres prescriptions de la politesse, il évite de parler en conversation des peines qu'il éprouve, parce que c'est à charge à l'auditoire. Il s'abstient de dire des bagatelles, des niaiseries. Ainsi il ne raconterait point un de ses songes, parce que, quelque beau qu'il lui paraisse, ce n'est que le produit d'une imagination extravagante : le narrer révélerait un petit esprit.

Dans ses récits, il est plutôt concis que prolixe et ne fait pas de digressions inutiles.

En résumé, on peut dire de lui : « Cet enfant s'exprime avec tant de sagesse, qu'il ne dit pas un mot répréhensible ou pouvant avoir des suites fâcheuses, et qu'il se fait estimer de toutes les personnes avec lesquelles il converse. »

« Mais, demandera-t-on, quels moyens Victor a-t-il employés pour acquérir l'art de si bien se conduire dans la conversation? — Il s'est pénétré des maximes chrétiennes relatives à la parole, et spécialement de celles-ci du saint Évangile : *Par vos paroles vous serez justifiés, par vos paroles aussi vous serez condamnés... Les hommes rendront compte au jour du jugement de leurs paroles inutiles.* »

Il a étudié les règles de la bienséance et écouté avec attention les explications qui lui en ont été données.

Il a tout particulièrement observé, en vue de les imiter, les personnes qui ont reçu une bonne éducation, et s'est rendu compte de la manière dont elles s'expriment et de ce qui fait l'objet de leurs entretiens.

Maximes et conseils.

Ne dites rien inconsidérément : l'imprudence se trouve dans l'abondance des paroles. (Eccl. v, 1.)

Celui qui garde sa bouche et sa langue garde son âme de pressantes afflictions. (Prov. XIII, 3 ; XXI, 23.)

Que votre main soit sur votre bouche de peur que, surpris, vous ne disiez une parole indiscrète et ne tombiez dans la confusion. (Eccl. v, 14.)

Seigneur, qui êtes mon père et le maître de ma vie, ne m'abandonnez pas à la légèreté indiscrète de ma langue, et ne permettez pas qu'elle me fasse tomber. (Eccl. XXIII, 1.)

L'insensé même passe pour sage lorsqu'il se tait. (Prov. XVII, 28.)

Évitez les discours vains et profanes. (II Tim. II, 16.)

Ne découvrez pas votre cœur à toutes sortes de personnes : vous pourriez parler à un faux ami, qui médirait ensuite de vous. (Eccl. VIII, 22.)

36. — ÉLOGES — FLATTERIE

Il est d'usage dans le monde de décerner des éloges, de faire des compliments ; mais il importe de ne les apprécier que ce qu'ils sont réellement, et de ne pas en juger d'après ce qu'ils paraissent ; car c'est ici surtout que les apparences sont trompeuses.

Rien de mieux fondé que ces maximes de l'*Imitation :*

« La gloire que les hommes se donnent passe vite et est toujours accompagnée de tristesse.

« La gloire des bons est dans leur conscience, et non dans la bouche des autres.

« Les hommes ne voient que le dehors, tandis que Dieu voit le fond du cœur ; leur louange ne vous rend pas plus saint, ni leur blâme moins estimable. Vous êtes en réalité ce que vous êtes aux yeux de Dieu, et tout ce qu'on peut dire pour vous ou contre vous n'y changera rien.

« Ne désirez jamais être loué et aimé au-dessus des

autres : cela n'appartient qu'à Dieu, qui n'a point d'égal. »

Persuadé de la vérité de cet enseignement, Victor fuit les louanges. Quand on lui en adresse, il en est presque honteux ; et s'il ne les repousse pas avec vivacité, il cherche du moins à les atténuer et à détourner la conversation. Dans tous les cas, il les réduit à leur juste valeur en retranchant ce qu'elles ont d'exagéré, et les rapporte à Dieu, l'auteur de tout mérite, devant qui il s'humilie au fond de son âme.

Lorsqu'on loue les autres, bien loin d'en être jaloux il s'en réjouit, applaudit de tout cœur et ajoute même à la louange. Toutefois, s'il s'agissait de ses parents, il se contenterait de témoigner sa reconnaissance. Dans l'occasion, il les loue lui-même, mais avec modération.

Il distingue la louange d'avec la flatterie, qui, par complaisance ou par intérêt, dit du bien sans sujet ou avec une exagération calculée, et qui n'est au fond qu'un perfide mensonge et une odieuse lâcheté.

Il ne peut estimer ceux qui permettent qu'on les flatte. Ne donnent-ils pas à penser, en effet, qu'ils ont beaucoup de présomption et peu d'esprit, puisqu'ils se laissent louer pour des choses qu'ils ne peuvent pas raisonnablement s'attribuer ? Quant à lui, il se défie des flatteurs et ferme l'oreille à leurs discours.

Par cette fidélité, Victor se conserve humble et modeste dans les occasions où le cœur incline le plus aisément vers l'orgueil ; il s'assure l'estime des hommes en raison même qu'il la recherche moins ; surtout il se rend digne des bénédictions du Ciel dont parle saint Pierre en disant : *Dieu résiste aux superbes, mais il donne sa grâce aux humbles* (I, v, 5).

Maximes et conseils.

Ne louez personne avant sa mort. (Eccl. xi, 30.)
La bouche flatteuse est très nuisible. (Prov. xxvi, 28.)
L'homme est éprouvé par les louanges qu'on lui adresse. (Prov. xxvii, 21.)

Celui qui tient à son ami un langage flatteur lui tend un piège. (Prov. XXIX, 5.)

Le flatteur a de noirs desseins dans l'âme : devant vous il n'aura que de la douceur dans ses paroles ; en arrière, il changera de langage et cherchera à vous nuire. (Eccl. XXVII, 26.)

Il faut tout à la fois mériter les louanges et les fuir. (FÉNELON.)

Tout flatteur vit aux dépens de celui qui l'écoute. (LA FONTAINE.)

37. — LECTURES

Selon la nature du livre et le but qu'on se propose, on peut distinguer la lecture d'étude, la lecture récréative et la lecture spirituelle. Voyons comment Victor se conduit par rapport à chacune.

Avide de connaissances, il emploie aux lectures d'étude au moins tout le temps prescrit par le règlement ou par ses maîtres. Il invoque le Saint-Esprit avant de les commencer, et s'exerce à bien comprendre ce qui est exprimé. Aussi en retire-t-il de précieux avantages pour son instruction.

Il fait de temps en temps des lectures récréatives afin de se délasser l'esprit ; mais il n'oublie pas que ce divertissement doit, comme les autres, être avant tout honnête et conforme à la loi de Dieu.

Il sait que lire un mauvais livre, c'est contrister l'Esprit-Saint, commettre un péché, souiller sa pensée et son cœur, faire un grand pas dans la voie du crime ; et de même qu'il fuit toute société où l'on tient de mauvais propos, il s'interdit absolument toute lecture dangereuse. Il ne voudrait pas pour tout au monde jeter les yeux sur une publication immorale, irréligieuse ou même simplement suspecte. « Mieux vaut mille fois, se dit-il, ne pas se récréer que de le faire en blessant sa conscience. D'ailleurs, peut-il y avoir de vraie jouissance quand le bon Dieu est offensé ? »

Victor ne lit pas les livres qui, sans être mauvais,

ne contiennent guère que des futilités. Il veut des ouvrages à la fois instructifs et récréatifs, tels que les lui conseillent ses maîtres et son directeur de conscience.

Il est heureux de faire à haute voix des lectures en famille ou en société; car c'est un excellent usage, à la condition, bien entendu, que l'on ne lise que de bons livres.

Les lectures d'étude et les lectures récréatives ne sont pas les seules auxquelles il s'adonne : ce pieux enfant a trop à cœur sa sanctification pour ne pas faire des lectures spirituelles.

A ses yeux, un bon livre de religion ou de piété est un repas servi à l'âme, qui a faim et soif de vérité; c'est un baume propre à guérir les plaies du cœur, particulièrement l'ennui, qui est l'une des plus déplorables; c'est une flamme brillante et pure indiquant le chemin du devoir.

Il lit en aimant la vérité qui se révèle à son intelligence et pénètre en son cœur. Il lit pour devenir meilleur. Il lit en priant; car si la lecture jette la semence, la prière attire la rosée céleste qui la féconde.

Victor se procure des livres spirituels, selon les indications de son directeur de conscience ou de ses maîtres, et les lit avec respect, attention et réflexion, comme une lettre qu'il aurait reçue d'un saint ou de Jésus-Christ même.

Il a entre autres ouvrages : le saint Évangile annoté, la Vie des saints, l'*Imitation de Jésus-Christ,* et se plaît à les lire. Parfois il ouvre au hasard l'Évangile ou l'*Imitation,* en se disant : « Voyons ce que le bon Dieu veut de moi aujourd'hui, » et, pour l'ordinaire, il tombe sur un passage répondant aux besoins de son âme.

En lisant la Vie des saints, il admire l'héroïsme chrétien sous ses différentes formes, et se propose de l'imiter de la manière que le demande de lui la divine Providence.

Ses lectures, tant par elles-mêmes que par la manière dont il les fait, servent toujours à éclairer son intelligence, à ennoblir ses sentiments et à lui inspirer l'amour du bien.

38. — LETTRES — CORRESPONDANCE

I. — DE LA LETTRE ELLE-MÊME

La correspondance est une sorte de conversation faite par écrit. Elle doit avoir les qualités de la conversation ordinaire, être respectueuse, véridique, charitable, modeste, prudente, et les avoir à un plus haut degré, parce qu'elle suppose plus de temps pour réfléchir et plus de calme.

Lorsqu'on rédige une lettre, il ne faut jamais perdre de vue l'âge, la qualité, le rang, le caractère de celui à qui on l'adresse, afin de prendre un style convenable et de ne rien dire que d'à propos.

Il ne faut pas écrire de lettres sans nécessité; mais il ne faut pas non plus omettre celles que prescrit l'usage.

Voici quelle est, sur ce point important, la conduite de Victor.

Il n'écrit aucune lettre sans y avoir été autorisé par ses parents ou par ses maîtres. Il leur soumet également toutes celles qu'il reçoit, voulant n'avoir rien de caché pour eux.

Jamais il ne se dispenserait d'écrire aux époques et dans les diverses circonstances où l'usage le demande; car ce serait montrer peu d'éducation et se faire taxer d'oublieux et de négligent.

Pour l'ordinaire, il répond sans retard à toute lettre reçue. Il a bien soin de ne jamais écrire sous l'influence de la mauvaise humeur ou de toute autre passion désordonnée. S'il l'avait fait, du moins il ne fermerait pas sa lettre; il attendrait au lendemain pour la relire, et sans doute aussi pour la refaire dans le calme de l'âme.

Après avoir reproduit la date de la lettre reçue, Victor

répond article par article, et ajoute ce qu'il a à dire de nouveau.

Le plus souvent, avant d'écrire, il se trace un plan et rédige un brouillon, parce qu'il ne se croit pas assez exercé pour composer de premier jet. S'il s'agissait d'une affaire importante, il garderait le brouillon ou prendrait copie de la lettre.

Il ne se sert pas de papier trop commun; il ne se sert pas non plus de papier orné de vignettes ou d'un encadrement, car ce n'est en usage que pour des enfants de sept à dix ans : il préfère un beau papier blanc ou légèrement azuré. Il le choisit plus ou moins grand et y laisse plus ou moins de marge, selon la dignité du destinataire.

A moins qu'il ne s'agisse d'affaires de commerce ou de choses sans importance, il n'écrit ni lettre ni billet sur une demi-feuille de papier.

Pour les lettres d'affaires il place la date en haut, et pour les autres à la fin, en regard de la signature.

Il écrit à distance du corps de la lettre le titre du destinataire, soit, par exemple : *Mon cher Père, ma chère Mère...*, ou, s'il s'agit d'étrangers : *Monsieur, Madame...*

En écrivant à un ami, il se permet de supprimer la vedette et d'entrer tout de suite en matière.

Victor soigne son écriture et n'emploie que de la bonne encre, sachant qu'on lit avec plaisir une lettre à caractères bien nets et bien formés, tandis qu'on ne fait que regarder celle qui est, pour ainsi dire, indéchiffrable.

Il est également attentif à mettre l'orthographe et la ponctuation.

Il répète de distance en distance, mais non dans une même période, le mot mis en vedette, et qui sert à rendre le style plus respectueux et à disposer le lecteur à acquiescer à ce qu'on lui demande.

Il n'écrit pas en abrégé les termes honorifiques. Il ne met pas, par exemple, *M., M*^{me}*... pour Monsieur,*

Madame... Il sait que les abréviations, tolérées dans les lettres de commerce, ne le sont pas dans les lettres de politesse.

Quand un mot devant terminer une ligne est trop long eu égard au blanc qui reste, il évite de le partager et plus encore de le coucher obliquement ; il le porte à la ligne suivante.

Il n'écrit pas jusqu'à effleurer le bas de la page, où l'on doit toujours laisser un blanc d'une ou deux lignes.

S'il fait une rature, il recommence sa lettre, à moins qu'elle ne soit longue et adressée à un ami ; il se borne, dans ce cas, à ajouter un mot d'excuse.

Victor prend bien garde de ne rien dire qui puisse avoir des suites fâcheuses, se rappelant le proverbe : « Les paroles s'envolent, mais les écrits restent. »

Il ne parle de lui-même et de ses affaires personnelles que lorsqu'il est fondé à croire que cela peut intéresser le destinataire.

Son style est correct, simple, naturel, précis ; il sait en éloigner l'emphase, la prétention, et l'approprier aux personnes et aux circonstances.

Il s'exprime clairement et en bon français, et commence en alinéa chaque fois qu'il change de sujet.

Ses lettres à des étrangers sont plutôt courtes que longues. Celles qu'il écrit à ses parents sont au contraire relativement longues : il n'ignore pas qu'on y peut entrer dans les détails, et que les riens même y sont agréables.

Dans les lettres familières il s'exprime par écrit, comme il le ferait de vive voix s'il conversait avec le destinataire.

S'il rédige une lettre d'affaires, il entre dès le début dans le sujet, emploie les termes propres et s'explique nettement, en sorte qu'on ne puisse se méprendre sur ce qu'il dit ni confondre les objets dont il parle.

S'il s'agit de plusieurs affaires, il les traite article par article afin d'être plus net.

S'il insère des papiers dans sa lettre, il le mentionne.

S'il rédige un compliment, il veille à ce qu'il n'y ait pas de longueurs, et que les expressions en soient délicates, gracieuses et respectueuses.

Son style est toujours en rapport avec le sujet qu'il traite. Ainsi lorsqu'il s'agit d'une affaire sérieuse, il évite toute expression familière, tout terme risible.

S'il avait à rédiger une lettre de faire part d'un décès, il se rappellerait que rien n'y doit respirer la vanité ni révéler la réclame. Il se bornerait à dire le nom et l'âge du défunt, et s'il a eu le bonheur de recevoir les derniers sacrements.

Lorsque Victor écrit à ses égaux, il manifeste qu'il les considère comme étant au-dessus de lui; il témoignerait aussi des égards s'il avait à écrire à des inférieurs.

Il veille particulièrement sur ses expressions et sur l'arrangement de sa lettre quand il écrit à un supérieur. Il sait que, dans ce cas, on ne doit pas écrire deux sur une même lettre ni charger d'une commission le destinataire, à moins d'être bien sûr qu'il l'aura pour agréable.

Lorsqu'il emploie le mot « vous », il le fait suivre, s'il le peut aisément, du mot *monsieur* ou *madame*..., disant, par exemple : « C'est à vous, Madame, que j'adresse ma demande. »

S'il avait à écrire à des gens haut placés, il substituerait leur titre au mot « vous », et dirait : « Votre Altesse, Votre Grandeur, Votre Révérence... » selon qu'il s'adresserait à un prince, à un évêque, à un religieux qualifié.

En résumé, il en est de la correspondance de cet enfant bien élevé comme de sa conversation : il n'y dit rien à sa louange et s'oublie lui-même pour ne penser qu'à ce qui peut plaire aux autres; il s'y montre très affectueux et très respectueux envers ses parents, gai et plaisant envers ses amis sans jamais descendre à la bouffonnerie, plein d'égards et très poli envers tous, particulièrement envers ses supérieurs, les dames et les vieillards.

II. — FIN DE LA LETTRE ET SUSCRIPTION

En rédigeant ou en transcrivant une lettre, Victor fait en sorte que la signature ne tombe ni en haut ni tout au bas d'une page. S'il s'aperçoit qu'il ne restera pas assez de place pour donner à la finale de sa lettre l'ampleur voulue, il écarte l'écriture de manière à reporter à la page suivante au moins deux lignes du texte.

Il termine en exprimant son respect, son affection ou son amitié, selon le rang ou la dignité du destinataire, et en employant les qualificatifs convenables.

En écrivant à un supérieur, il coupe en deux la finale, afin de mettre le titre au milieu du papier. Ainsi, par exemple :

J'ai l'honneur d'être avec le plus profond respect,
Monsieur,
votre très humble et très obéissant serviteur.

Il ne se sert du nom « amitié » que pour un ami, un camarade. Il ne dirait pas à un supérieur : «Agréez l'hommage de mon amitié, » ni : « Vous m'avez fait l'amitié de... »; mais : « Agréez l'hommage de mon profond respect. — Vous m'avez fait l'honneur de... »

En terminant une lettre à ses parents, il ne dit pas, comme il fait pour les autres : « Je suis, j'ai l'honneur d'être, » mais simplement : « Votre fils très humble et très obéissant. »

Il ne dirait pas non plus : « Votre fils bien-aimé, » car il n'a pas à exprimer leurs sentiments, mais les siens propres, et il les rend par : « Votre fils qui vous aime de tout son cœur » ou par une autre formule équivalente.

Il comprend de même que ce serait une niaiserie de dire : « Je suis pour la vie votre fils... ton frère... votre filleul..., » si l'on n'ajoute pas un qualificatif spécial, tels que « affectueux, dévoué... »

Dans les lettres familières, Victor ne se préoccupe guère de la formule finale ; car souvent elle découle comme d'elle-même du dernier paragraphe et lui est dictée naturellement par le cœur. Il dirait, par exemple : « Nous sommes allés prier à la crèche... Avec quelle ferveur j'ai supplié l'Enfant Jésus de vouloir bien réaliser tous les vœux que forme pour vous, — cher Papa et chère Maman, — votre très affectionné et très obéissant fils. — Victor. »

Toutefois, si la terminaison ainsi liée au texte révélait la recherche, le travail, et manquait de naturel, il s'en abstiendrait et suivrait l'usage ordinaire.

Il ne se permettrait jamais une lettre anonyme ni pseudonyme : il signe de son nom ce qu'il a écrit, ou bien il n'écrit pas.

Il évite les post-scriptum, à moins que ce ne soit dans une lettre familière, où ils sont tolérés.

Quand sa lettre est terminée, Victor la relit attentivement pour bien s'assurer qu'il n'a rien omis, qu'il n'y a point de fautes d'orthographe ou de ponctuation, et que tous les termes en sont convenables.

Il la plie en deux, en trois ou en quatre, selon le format de l'enveloppe qu'il choisit, et qui doit être plutôt grande que petite. Pour l'adresse, il écrit sur la première ligne le titre et le nom du destinataire, sur la 2ᵉ les autres renseignements utiles, excepté le nom de la commune, qui se met sur la 3ᵉ, et celui du département, qui se place sur la 4ᵉ à droite. Ainsi, par exemple :

Monsieur Richard,	Madame veuve Laurent,
Propriétaire, 22, rue Grenette.	Couturière, 17, rue Neuve.
Lyon	Mâcon
Rhône.	Saône-et-Loire.

Il place en haut à droite le timbre-poste, car il ne correspond jamais sans affranchir.

Il sait qu'il est ridicule d'écrire en diagonale le nom du département, et qu'on l'omet quand la lettre est pour Paris ou pour le chef-lieu de la contrée où l'on est. Pour les autres destinations, il ne se permet pas de l'omettre, afin de prévenir toute méprise.

S'il n'y a pas de bureau de poste dans la commune du destinataire, il indique le bureau qui la dessert. Quand la lettre ne doit pas sortir de la ville d'où il écrit, il substitue au nom de la commune l'expression « en ville », qu'on peut indiquer en abrégé par *E. V.*

Lorsqu'il écrit à des supérieurs, il fait ordinairement usage de cire à cacheter de couleur rouge, ou, s'il est en deuil, de couleur noire. Pour les autres lettres, il se contente de les fermer en humectant le bord gommé de l'enveloppe ou en se servant d'un pain à cacheter.

S'il confie à quelqu'un une lettre pour être remise au destinataire, il ne la ferme pas : il est d'usage, dans cette circonstance, que le porteur engage à fermer la lettre ou la ferme lui-même au moment où il la reçoit.

III. — PARTICULARITÉS

A propos de la correspondance de Victor, signalons quelques traits de sa conduite.

S'il envoie un télégramme, il l'écrit très lisiblement et d'une manière assez explicite pour qu'il n'y ait pas de malentendu. Il préfère payer davantage et être plus sûr de ne point occasionner d'erreur.

Si on lui apportait une lettre quand il est en société, il ne la lirait pas en ce moment, ou, s'il jugeait qu'elle contînt quelque chose d'urgent, il ne la lirait qu'après en avoir demandé la permission à la compagnie.

Lorsqu'il reçoit une lettre par un porteur, il l'ouvre en sa présence, en lui faisant quelques civilités.

S'il se trouve à portée de ses regards une lettre ouverte, mais qui ne lui est pas adressée, il en détourne les yeux, comprenant que la lire serait indiscret et impoli. Inutile de rappeler qu'il n'aurait pas même la pensée d'ouvrir une lettre adressée à un autre et fermée, parce que c'est une faute grave, dont est incapable toute âme honnête.

Si on lui demandait de rendre publique une lettre qu'il aurait reçue, il refuserait ou du moins il consulterait ses parents sur ce point; car bien qu'une lettre envoyée appartienne au destinataire, c'est une inconvenance de la publier sans le consentement de l'auteur.

Ce pieux enfant est attentif, dans sa correspondance non moins que dans ses entretiens, à saisir toute occasion favorable de parler du bon Dieu et de la religion, de manifester ses sentiments de piété, de suggérer de bonnes pensées, de porter à la pratique du bien... Ses lettres lui sont un moyen d'exercer, dans la petite sphère de son action, un apostolat, qui produit d'heureux fruits et qui lui assure, avec l'estime des âmes chrétiennes, les bénédictions célestes.

39. — CHANT, MUSIQUE

Le chant, ainsi que la musique, est un agréable divertissement et un moyen d'exciter en soi et dans les autres les sentiments dont il est l'expression.

Il doit avant tout être honnête et respecter les bienséances; car quelle que soit la mélodie ou l'harmonie qui frappe les oreilles, si elle offense la pudeur ou la religion, elle devient par cela même déplaisante: l'âme chrétienne ne peut qu'abhorrer ce qui blesse la conscience.

Les chants, agissant plus énergiquement sur le cœur que les paroles, sont fort utiles lorsque les sentiments qu'ils expriment sont bons, comme ils seraient très nuisibles si ces sentiments étaient mauvais. Aussi saint Paul exhorte-t-il les fidèles à chanter avec affection et piété, à l'exemple des anciens patriarches, des hymnes, des psaumes, des cantiques spirituels, pour louer le Seigneur et exciter en leur âme les sentiments d'adoration, de reconnaissance et d'amour qui lui sont dus.

L'Église attache aux chants sacrés la plus grande importance et leur donne le premier rang dans ses solennités. Les fidèles doivent se conduire par le même esprit que l'Église : on ne doit donc entendre dans les familles chrétiennes aucun chant, aucune harmonie qui directement ou indirectement ne porte au bien et ne donne occasion de glorifier le Seigneur.

C'est d'après ces divers principes et les règles de la politesse que se dirige Victor, l'enfant bien élevé.

Il considère le chant et la musique non seulement comme un divertissement, mais comme un moyen de louer le bon Dieu, qui est l'harmonie, la beauté même, et qui nous a donné la voix et a fait progresser la musique et les autres arts pour concourir à sa gloire, selon la fin de toute créature.

Il aime tout particulièrement les chants religieux et les saintes harmonies de l'orgue.

L'un de ses plus doux plaisirs est de louer Dieu par les modulations de sa voix, comme il l'adore et le bénit dans son cœur.

Il chante d'une manière naturelle et digne, témoignant de son respect pour les nobles sentiments qu'il exprime et pour les personnes qui l'écoutent. Jamais il ne se permettrait, même dans une joyeuse réunion d'enfants de son âge, de chanter d'une manière grotesque, bizarre, affectée, de crier, de nasiller, de grimacer, parce que tout cela révèle un mauvais goût et un manque d'éducation.

S'il avait une belle voix ou s'il connaissait un instrument, il n'en ferait point parade. Toutefois, pour être agréable à la société, il se rendrait volontiers à l'invitation de chanter ou de jouer.

Victor se tient presque immobile en chantant, car les grands gestes ne conviennent qu'à des acteurs en scène; dans une société privée, on se limite à de petits gestes, conformes aux paroles et aux graduations de la voix.

Il ne lui viendrait point en pensée d'appeler l'attention sur tel ou tel passage : ce serait vanité et sottise.

Il appréhende d'être ennuyeux, et par suite il est court dans ses chants, comme il le serait dans les morceaux de musique qu'il pourrait avoir à exécuter.

S'il est applaudi, il ne s'enorgueillit pas, non plus qu'il ne s'attristerait s'il n'avait pu plaire à la société. S'il était bissé, il ne répéterait qu'un couplet de son chant, ou ne reprendrait qu'un passage du morceau exécuté. Il ne donne jamais occasion aux personnes qui l'écoutent de dire : *C'est assez,* ou même de le penser.

Il observe de même les règles de la bienséance relatives à l'audition. Ainsi il évite de tousser ou de cracher pendant qu'on chante ou qu'on joue.

Il ne se permettrait point d'interrompre un chanteur ou un musicien, parce que c'est très incivil. Dans le cas où il serait obligé de le prier de s'arrêter, il le ferait en termes adoucis, et non en lui disant: *C'est assez*

Quand Victor écoute les chants sacrés ou des cantiques, il est attentif à exciter en son âme les sentiments qu'ils expriment; en sorte qu'ils lui sont un excellent moyen d'élever son esprit et son cœur vers Dieu, dont les hommes doivent célébrer les grandeurs sur la terre, comme les anges les célèbrent par leurs chants dans le ciel.

Maximes et conseils.

Instruisez-vous et animez-vous les uns les autres par des psaumes, des hymnes et des cantiques spirituels, chantant à l'honneur de Dieu, du fond de vos cœurs, avec un esprit de reconnaissance. (Col. III, 16.)

Chantez des cantiques et bénissez le Seigneur dans ses ouvrages. Exaltez son nom par de magnifiques éloges. Louez-le par les paroles de vos lèvres, par le chant de vos hymnes et par le son de vos instruments. Dès maintenant louez tous ensemble et de tout votre cœur, et bénissez par les paroles de votre bouche le nom du Seigneur. (Eccl. XXXIX, 19, 20, 41.)

Chantez des cantiques de cœur et avec intelligence. (I Cor. XIV, 15.)

40. — UN CHANT DANS L'ESCLAVAGE

Saint Vincent de Paul, se rendant par mer de Marseille à Narbonne, fut pris, avec tout l'équipage, par des pirates de Barbarie et vendu sur le marché de Tunis. Il changea plusieurs fois de maître, Dieu voulant qu'il éprouvât lui-même combien avaient à souffrir les esclaves chrétiens, afin qu'il travaillât dans la suite avec plus d'ardeur à leur délivrance.

Enfin un renégat, originaire de Nice, l'acheta et l'employa aux travaux des champs, dans un pays chaud et désert.

Il avait une femme turque et musulmane, qui aimait à voir travailler les esclaves, et qui parfois interrogeait Vincent sur la loi, les usages et les cérémonies religieuses des chrétiens.

Un jour, elle lui dit : « Vincent, chante-moi les louanges de ton Dieu. » Il se souvint alors de cette parole des Juifs captifs à Babylone : *Comment pourrions-nous chanter sur une terre étrangère?* et ses yeux se remplirent de larmes.

Il chanta néanmoins, mais avec la plus vive émotion, le psaume *Super flumina Babylonis*, le *Salve Regina* et d'autres prières.

La musulmane prenait plaisir à l'entendre et se sentait sous une impression céleste.

Le soir, elle dit à son mari : « Tu as eu tort de quitter ta religion. D'après ce que j'en ai appris de l'esclave Vincent, je l'estime très bonne. Il a chanté en ma présence les louanges de son Dieu, et ma joie, en l'écoutant, a été si vive, que je ne pense pas qu'il y en ait de plus grande dans le paradis que nous fait espérer le prophète. »

Elle fit tant par ses discours, que, la grâce de Dieu aidant, elle l'amena à se repentir de son apostasie et à rentrer dans le sein de l'Église. Dix mois après, il s'embarqua avec Vincent sur une nacelle, et parvint à aborder à Aigues-Mortes, le 28 juin 1607.

Il fit son abjuration à Avignon entre les mains du vice-légat, et ne cessa depuis de remercier la divine bonté de ce que, par ses chants pieux, sa vertu et son zèle, son esclave même était devenu son libérateur.

41. — CONDUITE D'UN ENFANT DANS UNE SOCIÉTÉ

La mère de Victor l'a mené avec elle dans une société. Observons comment il s'y conduit.

Tout d'abord il se présente avec aisance et simplicité, et se montre très poli envers chacun, spécialement envers les maîtres de la maison.

Au salon, il ne s'assied qu'après les grandes personnes sur la chaise qu'on lui a indiquée, sinon il aurait choisi celle qui lui aurait paru la moindre. Son maintien est constamment convenable, ne révélant ni timidité excessive ni sans-gêne.

Il évite de toucher aux meubles, aux tentures, aux fleurs... Néanmoins, quand cela lui fait plaisir, il feuillette ou lit les albums et les livres qui sont mis à la disposition des invités.

Il répond en termes très honnêtes, disant : « Oui, Monsieur ; non, Madame ; merci, Mademoiselle... » et jamais *oui* ou *non* tout court.

Lorsque, en changeant de place, il est obligé de croiser quelqu'un de la compagnie, il passe par derrière. S'il ne peut se dispenser de passer par-devant, il lui demande pardon en faisant en même temps une légère inclination.

Si une personne laisse tomber un objet qu'il puisse toucher sans manquer aux convenances, il s'empresse de le ramasser et le lui offre très poliment.

Si lui-même laisse tomber quelque chose, il le relève vite et sans bruit. Dans le cas où un autre plus habile l'aurait déjà ramassé et le lui présenterait, il lui dirait merci et demanderait pardon de la peine qu'il a occasionnée.

Dans ses rapports avec les invités de son âge, il

manifeste une gaieté franche sans être bruyante, et joue avec entrain, mais sans passion.

Si, comme c'est l'ordinaire dans les soirées, on chante ou l'on fait de la musique, Victor écoute avec attention, et n'applaudit qu'en se guidant sur sa mère ou sur les maîtres de la maison : il comprend fort bien qu'un enfant n'est pas à même d'apprécier le mérite d'un artiste.

Il est très réservé dans ses paroles, crainte de commettre quelque indiscrétion ou de blesser la charité.

Si on lui donne des louanges, il n'en conçoit point d'orgueil, mais les rapporte à Dieu, devant qui il s'humilie dans son cœur et qu'il adore comme l'auteur de tout bien. Il en témoigne néanmoins quelque reconnaissance à ceux qui les lui adressent, bien qu'il n'ignore pas que les éloges qui se donnent en société ne sont souvent qu'affaire d'usage et rarement l'expression exacte d'une véritable estime.

Il évite en compagnie de tirer sa montre, parce que ce serait un signe qu'il tient à en faire parade ou qu'il trouve le temps long. Il s'abstient aussi, pour cette dernière raison, de regarder souvent la pendule.

Un moment il a éprouvé de l'ennui, ce qui n'est pas rare, même dans les soirées les mieux ordonnées; mais il n'en a rien laissé paraître, afin de ne point diminuer la joie de la société.

En un mot, Victor s'est étudié à satisfaire tout le monde. Aussi la maîtresse de la maison a-t-elle dit à sa mère en les accompagnant à leur départ : « Nous avons été enchantés de votre cher enfant. J'espère bien, Madame, que vous nous le ramènerez à la prochaine soirée. »

Cet éloge, non plus que les précédents, ne lui a point causé de vanité; et s'il a paru l'entendre avec satisfaction, ce n'est point à cause de lui personnellement, mais uniquement parce que ce témoignage de son savoir-vivre a fait plaisir à sa mère.

42. — DES VISITES

OBLIGATION DES VISITES

La bienséance fait un devoir aux gens du monde de rendre et de recevoir des visites. Cet usage est bon en lui-même : il sert à établir, maintenir ou renouer les relations de famille, d'amitié et de subordination. Nous voyons aussi dans l'Évangile que la très sainte Vierge est allée visiter sa cousine Elisabeth, et que Jésus-Christ lui-même s'est rendu en différentes maisons où l'invitaient la piété, l'amour, et plus souvent encore la souffrance et le malheur.

Les visites se font pour divers sujets.

Il en est qui sont des témoignages d'affection et de reconnaissance ; d'autres, une simple marque de respect et de soumission ; d'autres, l'expression de la part que l'on prend à la douleur ou à la joie du visité ; d'autres ont pour but de réconcilier des ennemis, de mettre un terme à la haine, à l'aversion, aux froideurs qui existent entre les familles ou les particuliers : elles sont par cela seul très conformes à l'Evangile, qui ordonne la réconciliation.

Un grand nombre sont faites en vue de contribuer au salut du prochain, de lui rendre les services que réclame sa position, d'entretenir des relations tout à fait chrétiennes.

Cependant il en est qui ne se font pas dans des vues irréprochables ; certaines ne sont au fond qu'un piège tendu à l'innocence ou à la bonne foi, mais caché sous un voile ou plutôt sous un masque d'amitié et de respect. Qui ne comprend que de telles visites sont indignes d'un homme et plus encore d'un chrétien ?

Jésus-Christ, notre adorable modèle, n'a rendu des visites que pour glorifier son Père et sauver les âmes : s'il loge chez le publicain Zachée, c'est afin de le convertir ; s'il se rend chez Jaïre, c'est pour ressusciter sa fille ; s'il séjourne chez Lazare, Marthe et

Marie, c'est pour y donner les plus salutaires leçons sur la véritable amitié et élever, par sa grâce, le frère et les deux sœurs à une haute perfection.

Il ne faut pas rendre de visites sans motif suffisant : elles ne sont alors qu'une gêne et font perdre un temps précieux, que Dieu nous donne seulement pour l'employer à gagner le ciel.

Il ne faut pas, à plus forte raison, en rendre à des gens débauchés ou impies : la bienséance, non moins que la religion, interdit d'avoir avec eux des relations d'intimité.

Quant à Victor, il se fait un plaisir de rendre les visites que lui prescrit l'usage et qu'approuvent ses parents.

Au renouvellement de l'année, il va présenter son hommage de respect et ses vœux à ses grands-parents, à son parrain, à sa marraine, à ses maîtres, et aux autres personnes à l'égard desquelles il est tenu à ce devoir.

Il n'omet pas non plus les visites de fêtes, qui lui sont une obligation dans la position où il se trouve.

Lorsqu'il a été aidé ou assisté, il va remercier ses bienfaiteurs. Dans le cas où il douterait que sa visite ne fût pas bien agréée, il la ferait quand même, « parce que, se dirait-il, il vaut encore mieux être importun que de se montrer ingrat. » Si toutefois cette démarche lui coûtait trop, il y suppléerait par une lettre.

Quand il en a l'occasion, il rend visite aux pauvres et aux malades pour les asssister selon ses moyens. Il pense alors qu'il rend visite à Jésus-Christ même dans la personne de ses membres souffrants, et ce lui est tout à la fois une consolation pour son cœur et un mérite devant Dieu.

43. — CONDUITE POUR LES VISITES

Pour rendre une visite, on doit avoir une tenue extérieure très convenable : linge blanc, habits propres, cravate bien mise, souliers cirés...

Il importe de prévoir assez d'avance ce que l'on aura à dire, et si l'on se charge de quelque commission pour ceux que l'on va visiter, de bien se faire expliquer en quoi elle consiste.

La bienséance prescrit, relativement aux visites, des règles nombreuses, que Victor met fidèlement en pratique.

Tout d'abord, il choisit l'heure la plus convenable pour celui à qui il rend visite, évitant de se présenter trop matin ou trop tard, ou à l'heure des repas.

En marchant, il évite de poser le pied dans la boue afin de conserver propre sa chaussure et de ne pas ensuite salir les appartements.

Arrivé à la maison, il a soin, pour le même motif, de passer ses souliers sur le décrottoir placé à côté de la première porte et sur le paillasson étendu au seuil de la deuxième.

Il sait que l'on n'entre jamais dans une habitation sans s'annoncer, quelque familier que l'on puisse être avec ceux qui y résident et quand même la porte serait grand ouverte. C'est pourquoi il sonne ou, s'il n'y a pas de sonnette, il heurte, et fait l'un ou l'autre juste assez fort pour être aisément entendu.

Si c'est à la porte d'une chambre, il s'éloigne un peu après avoir heurté, pour ne point paraître écouter comme un espion, ce qui serait choquant et de très mauvaise grâce.

Pour l'ordinaire, un domestique vient lui demander qui il doit annoncer. Alors il dit simplement son nom, sans le qualificatif de « monsieur ».

Si le visité était d'un rang élevé et qu'il fût alors absent, Victor ne donnerait pas son nom, mais dirait qu'il reviendra un autre jour.

S'il est obligé d'attendre dans une salle, il ne se permet point de chanter, de fredonner ou de siffler, de toucher les meubles, de regarder par la croisée ou par le vitrail des portes, parce que c'est très incivil.

Il évite de faire du bruit en marchant, en ouvrant ou en fermant les portes, en prenant une chaise...

En entrant dans l'appartement où l'on reçoit, il se découvre, quand même il n'y aurait personne, et reste tête nue. S'il y a de la compagnie, il fait un salut général. Il s'approche ensuite de celui à qui il rend visite, le salue avec grâce ou, s'il est assez dans son intimité, l'embrasse affectueusement.

Si la personne visitée ne peut le recevoir tout de suite, Victor attend avec patience, évitant d'aller de côté et d'autre dans la salle et de commettre quelque indiscrétion, comme serait de regarder curieusement des papiers ou des écrits ou de s'approcher d'un secrétaire.

Si elle est présente, mais occupée, il reste un peu à l'écart, attendant qu'elle soit libre. Il ne lui parle pas de loin, mais s'approche dès qu'elle l'y invite.

Il lui fait ses compliments debout, à moins qu'on ne le fasse tout de suite asseoir. Dans ce cas, il n'attend pas qu'on lui approche une chaise, il prend celle qui est à sa portée.

Si on lui désignait la première place, c'est-à-dire celle de droite quand on est deux, ou celle du milieu quand on est trois, il refuserait d'abord et n'accepterait que s'il y avait insistance. Il ferait de même si on lui présentait un fauteuil au lieu d'une chaise.

En s'asseyant, Victor ne se met pas en face de la personne à qui il rend visite, mais un peu de côté, parce que c'est plus respectueux. Il évite de la regarder fixement, de trop l'approcher, de se placer de manière à lui faire sentir son haleine.

Étant assis, il tient sa coiffure sur les genoux. Si on l'invite à s'en débarrasser, il la dépose à l'endroit approprié à cette fin ou sur un meuble, jamais sur un lit. S'il arrive un nouveau visiteur, il se lève pour le saluer.

Il est superflu de rappeler qu'il ne s'asseoirait point sur un lit, qu'il ne se permettrait pas de lire au lieu de prendre part à l'entretien, ni de répondre par un *oui* ou un *non* tout court.

Lorsqu'il n'a pas compris, il ne dit pas : « hein?

quoi ? » comme certaines gens sans éducation, mais : « Plaît-il, Monsieur ? » ou : « Pardon, Madame, je n'ai pas entendu. »

Dans le cas où la personne visitée serait fatiguée ou malade, il veillerait à parler peu et à demi-voix, à ne rien dire qui puisse l'inquiéter, et ne resterait que peu de temps.

Il n'y a pas seulement que les visites aux malades qui doivent être courtes : ce caractère convient à la généralité de celles qu'on se rend dans le monde.

Mais comment connaître l'instant où elles doivent se terminer ? Voici ce que disent sur ce point quelques traités de politesse.

« Si l'on ne vous invite pas à déposer votre chapeau, votre canne, ne demeurez que cinq minutes. Si le maître reste debout au lieu de vous inviter à vous asseoir et de s'asseoir lui-même, demeurez moins encore.

« Si vous voyez le maître de la maison tirer un papier de sa poche, regarder l'heure, chercher sur son bureau, appeler quelqu'un, attiser le feu, avoir un air distrait, garder le silence, allez-vous-en, n'y eût-il que cinq minutes d'écoulées.

« Si vous éprouvez de l'ennui, vous pouvez penser que les autres en éprouvent aussi : ne vous préoccupez que de partir avant que l'on vous donne congé.

« S'il arrive un autre visiteur, retirez-vous ; si l'on insiste, restez, mais seulement deux ou trois minutes.

« Si le visité était près de se mettre à table ou sur le point de sortir, soyez court, quelque instance qu'il vous fasse. »

Fidèle à ces indications, Victor ne prolonge point ses visites, convaincu qu'il vaut mieux exciter des regrets que de paraître importun. Dès qu'il pressent qu'il sera bientôt de trop, il a hâte de partir.

Il saisit le moment favorable. Après un salut particulier au maître de la maison et un salut collectif à la compagnie, il se retire en laissant sa chaise où il s'est assis.

Si la personne visitée était en affaire, il sortirait sans rien dire, comme c'est d'usage, marchant doucement et fermant les portes après lui.

Dans le cas où l'on voudrait le reconduire, il prierait de ne pas se déranger. Si l'on insistait, il resterait découvert tout le temps qu'on lui ferait compagnie, et témoignerait à la fin sa reconnaissance pour cette marque d'attention.

44. — VISITES REÇUES

La bienséance donne des règles pour les visites passives ou reçues non moins que pour les visites actives ou rendues.

Il faut, quand on est visité, se montrer gracieux, aimable, prévenant, et, du début à la fin de la visite, se conduire de telle sorte que ceux qui sont venus nous voir s'en retournent contents de nous et plus encore contents d'eux-mêmes.

On ne doit pas faire attendre à la porte ni dans un corridor, mais seulement au salon, et le moins de temps possible.

Si l'on est en affaire avec un plus haut placé que le visiteur, on envoie quelqu'un de la maison recevoir celui-ci et lui tenir compagnie.

Si l'on n'est pas engagé avec des personnes supérieures, il faut le recevoir aussitôt, lors même qu'on serait à table. Pour l'ordinaire, on va au-devant de lui. Parfois on l'invite gracieusement à entrer, et dès qu'il paraît on quitte toute occupation pour lui faire accueil.

Quand le visiteur est dans l'appartement, on le fait asseoir à une place honorable, qui, en général, est vers le coin de la cheminée.

S'il se présente au moment du repas, il est de l'honnêteté de l'inviter à table; mais le plus souvent cette invitation n'est pas acceptée.

Il faut bien prendre garde, tout le temps de la visite, de ne rien se permettre qui montre que l'on s'ennuie.

Quand la visite est terminée, on accompagne jusqu'à la rue, si celui que l'on a reçu est un supérieur ou s'il est seul; et, en faisant cette conduite, on ne cesse de le prévenir d'égards et d'attentions, lui ouvrant les portes, lui présentant les objets qu'il a laissés dans l'antichambre, éclairant sa marche, le conduisant à la voiture...

Lorsque la personne qui rend visite doit monter en voiture, on ne la quitte qu'après avoir fermé la portière. Si c'est une femme, la politesse prescrit de l'aider à monter, à moins qu'on ne soit ecclésiastique ou religieux.

S'il y a plusieurs personnes au salon, le maître ne conduit jusqu'au dehors que la plus qualifiée; quant aux autres, il s'en sépare à la première porte en leur présentant ses excuses, ou bien il les fait accompagner par quelqu'un de la maison.

Un magistrat, un avocat ou tout autre homme public peut se dispenser de conduire. S'il le voulait faire, le visiteur devrait le prier de ne pas se déranger.

Dans le cas où l'on aurait reçu la visite d'une jeune personne ou d'un enfant, il ne faudrait pas, règle générale, le laisser s'en retourner seul, surtout s'il était nuit, mais le reconduire ou le faire reconduire par des gens sûrs.

Victor se conforme à celles de ces différentes règles qui peuvent le concerner. Quand c'est sa famille qui reçoit, il fait accueil aux arrivants, les aide à se débarrasser des objets qui pourraient les gêner, leur approche les fauteuils ou les chaises, et au besoin leur tient compagnie.

A leur départ, il les accompagne jusqu'à la porte quand ses parents en sont empêchés.

Il s'acquitte de ces différents devoirs par les nobles motifs de la charité envers le prochain et du respect qui lui est dû.

Mais comment s'est-il formé à ne rien omettre de ce que prescrit le bon usage et à ne rien se permettre de ce qu'il interdit? — C'est surtout en observant comment agissent en société les personnes les plus polies, et en s'appliquant à les imiter autant qu'il le peut à son âge.

45. — CONDUITE A LA MAISON

Lorsqu'il est à la maison, Victor veille sur soi pour n'occasionner ni bruit ni désordre.

Il ne dérange point les chaises ou autres objets sans nécessité, et, dès qu'il s'en est servi, il les remet en place. Il prend grand soin du mobilier et de tout ce qui est à la famille, veillant à ce que rien ne se perde ni ne se détériore.

Il est exact à fermer sans bruit les portes après soi.

On ne le trouve jamais dans un négligé inconvenant : il préfère souffrir de la chaleur plutôt que d'avoir une tenue immodeste.

Quand on se chauffe en compagnie, il ne se permet point de mettre les mains au-dessus du foyer, de passer les doigts à travers les flammes, d'approcher trop les pieds de la grille, de tourner le dos au feu, de s'appuyer sur la cheminée, de badiner avec les pincettes, de tisonner sans utilité, de se déchausser pour mieux se chauffer les pieds...

Il se met volontiers en arrière pour faciliter aux autres l'approche du foyer.

Il s'abstient de lire à la lueur de l'âtre, parce que ce n'est là qu'une lumière irrégulière et insuffisante, qui affaiblit la vue.

S'il est chargé de moucher la chandelle, il ne le fait pas avec les doigts, mais avec des mouchettes, après avoir enlevé le chandelier de dessus la table.

Il sait qu'il est très incivil de souffler la chandelle en se tournant vers quelqu'un. Pour l'éteindre, il se met un peu à l'écart ; et après l'avoir soufflée ou étouffée avec l'éteignoir, il prend garde qu'elle ne fume pas.

Quand il ouvre ou ferme les portes, il prend des précautions pour ne pas faire de bruit.

Il n'appelle pas à haute voix, à moins d'une absolue nécessité. S'il avait à appeler des personnes demeurant à un autre étage et qu'il n'y eût pas de sonnette, il ne crierait point dans l'escalier, mais se rendrait à leur domicile. Dans les relations ordinaires, il ne parle qu'à demi-voix.

Si parfois cet enfant si bien élevé se met à la fenêtre, c'est pour respirer le bon air ou jouir du point de vue, et jamais pour regarder en curieux les passants ou le voisinage : il évite alors de parler haut, et plus encore soit d'appeler quelqu'un qui serait dans la rue, soit de faire des signes aux gens domiciliés en face ou à proximité.

S'il rencontre une personne dans l'escalier, il lui cède la rampe ou du moins le côté droit par rapport à elle. Si l'escalier est étroit, il évite de la croiser, mais attend sur le palier qu'elle soit montée ou descendue.

Dans le cas où elle lui ferait à lui-même cette politesse, il lui en témoignerait sa reconnaissance en la saluant.

Rappelons aussi que Victor ne néglige rien de ce qui peut intéresser la santé de ses parents ou des autres personnes de la maison. Il veille en particulier à ce qu'il n'y ait nulle part un air vicié, de mauvaises odeurs, un excès d'humidité, ou plutôt il fait tout ce qui dépend de lui pour que l'habitation soit, sous tous les rapports, conforme aux règles de l'hygiène [1].

46. — CONDUITE SUR LA VOIE PUBLIQUE

Au dehors de la maison, comme au dedans, Victor garde les règles de la bienséance. Observez-le sur la voie publique : il ne va ni trop vite ni trop lentement ; il se surveille pour ne pas balancer les bras, coudoyer ou éclabousser les passants, frapper du pied, sautiller, traîner la semelle, marcher en étourdi... Il suit son

---

[1] Ces règles sont expliquées dans les *Lectures courantes*, *Cours moyen*, n° 70.

chemin sans se retourner et sans regarder aux fenêtres ni aux vitrines.

Il ne se permettrait pas, comme certains enfants, de sortir de la maison en mangeant encore ou sans être convenablement vêtu, ni de chanter ou de fredonner dans les rues.

Quand il a son parapluie ouvert, il le tient de manière à voir devant soi, afin de ne blesser personne et de ne pas heurter les parapluies qui viennent à la rencontre.

Si des voitures interceptent la circulation, il attend patiemment qu'elle se rétablisse, ou bien il cherche une autre issue.

S'il rencontre une personne de sa connaissance, il la salue soit en se découvrant, soit par un signe de tête, soit même par un simple geste de la main, comme c'est d'usage entre amis. S'il n'est pas en intimité avec elle, il ne lui dit rien, surtout ne lui demande pas où elle va ni d'où elle vient.

Si la personne rencontrée lui est supérieure, il se détourne un peu et la salue avec respect ; si elle lui adresse la parole, il reste tête nue, à moins qu'elle ne l'invite à se couvrir.

Si c'est un ami, il l'accoste pour l'ordinaire. Dans ce cas on reste couvert, on se dit à demi-voix quelques paroles insignifiantes, et l'on passe outre, car on ne doit s'entretenir dans la rue ni longtemps ni à haute voix.

Parfois, dans ces rencontres, on se donne des poignées de main : elles sont admises entre égaux et de supérieur à inférieur. Jamais on ne présente un ou deux doigts à qui nous tend la main.

Quand il y a un entretien, c'est à la personne la plus considérée de le terminer.

Victor observe ces différentes règles. Il se conforme également à celles qui sont relatives aux diverses circonstances où il peut se trouver.

Lorsqu'il passe dans une rue très fréquentée, il tient la droite, selon un usage qui tend à se généraliser et qui prévient bien des embarras.

S'il croise un prêtre, un vieillard, une femme ou toute autre personne recommandable, il lui cède le côté le plus convenable, et qui généralement est celui des maisons. S'il rencontre un homme chargé, il se détourne pour lui laisser libre passage.

Quand il marche ou se promène en compagnie d'un plus digne, il lui cède la droite, et, si l'on est trois, la place du milieu.

Si son compagnon de route salue une personne, il la salue aussi, lors même qu'il ne la connaîtrait pas; et dans le cas où un entretien s'engagerait entre eux, il resterait à l'écart par discrétion.

Lorsqu'il est obligé de demander son chemin, il le fait en termes brefs, mais polis, comme c'est d'usage surtout dans les grandes villes, disant, par exemple: *Monsieur, rue Oudinot, s'il vous plaît?* Quand on le lui a indiqué, il dit: *Merci, Monsieur...*, témoignant ainsi sa reconnaissance et son respect, quelle que soit d'ailleurs la personne à qui il s'est adressé. Lorsqu'on lui demande le même service, il s'empresse de le rendre.

S'il s'aperçoit qu'un passant a laissé tomber son mouchoir, une lettre ou tout autre objet, il l'en avertit, mais ne le ramasse pas lui-même.

On peut dire, en résumé, qu'il est très fidèle à manifester en toute occasion son respect des personnes et des usages reçus.

47. — PROMENADE

La promenade est un exercice fort convenable, qui délasse l'esprit et contribue à la santé du corps. Elle acquiert un nouvel attrait quand on y joint un entretien agréable.

Entre égaux, on y prend place sans distinction.

Si l'on est un peu supérieur, on fait d'abord quelques cérémonies pour laisser à un autre la première place, puis on l'accepte. Si l'on est d'un rang plus élevé, on peut se mettre tout de suite à la place d'honneur.

Pour l'ordinaire, on marche modérément, en ligne droite, tant soit peu en avant de la personne la plus qualifiée, sur le pas de laquelle chacun règle le sien.

Quand on est à l'extrémité du parcours, c'est à la personne la plus qualifiée à se retourner la première, en pirouettant de manière à tourner le visage vers celle qui parle ou vers celle qui a le second rang.

Les autres personnes du groupe pirouettent en tournant le visage vers celle qui est au milieu.

Quand on se promène à deux, on pirouette en dedans, de manière à ne pas se tourner le dos.

Victor se conforme à ces indications ainsi qu'à toutes les autres relatives au même objet.

Lorsque la société où il est a décidé d'aller à la promenade, il laisse les personnes âgées en déterminer l'endroit, le mode et le but. Quant à lui, il est toujours satisfait dès que les autres le sont.

Il se tient près de ceux avec qui il marche ou se promène, mais sans les toucher.

Si, comme cela arrive parfois, on l'invite à se mettre au milieu pour faire un récit, il accepte, mais il reprend sa place dès qu'il a fini de parler.

Si l'on arrive à un passage incommode, il prend le devant pour le franchir.

Il reste avec les mêmes personnes tout le temps de la promenade : il comprend que quitter une compagnie pour une autre, c'est une incivilité, parce que c'est montrer que l'on n'avait pour elle que bien peu de considération.

Quand on se promène dans un jardin ou dans les champs, il prend garde de ne point marcher sur les bordures, mais sur le chemin ou sur les sentiers battus. Il ne touche à rien, se rappelant que c'est une grave impolitesse de cueillir des fleurs ou des fruits dans une propriété étrangère, à moins d'y être formellement invité par les maîtres.

Il agit avec la même réserve dans un jardin public, car il respecte ce qui appartient à la commune ou à la nation tout autant que ce qui est aux particuliers. En quelque endroit qu'on se rende ou qu'il se trouve, il ne se permettrait point d'en rayer les murs, d'y crayonner son nom, d'y laisser une trace quelconque de son passage, parce que c'est une inconvenance des plus blâmables, dont ne sont capables que des gens sans éducation.

Si l'on visite un monument, il s'essuie les pieds avant d'entrer, salue lorsqu'il franchit le seuil et reste découvert, à moins que l'usage ne l'autorise à se recouvrir. Il considère les curiosités avec attention et avec calme, et n'a garde de s'exclamer pour des riens, comme le font certains admirateurs enthousiastes ou trop naïfs.

S'il prévoit rencontrer dans un musée ou dans tout autre endroit des statues ou des images indécentes, il n'y va point, préférant mille fois ne pas satisfaire sa curiosité que de s'exposer à offenser Dieu, ou simplement à inquiéter sa conscience.

Il s'abstiendrait de même d'entrer dans un temple protestant, une synagogue ou une mosquée, parce qu'il pourrait s'y trouver dans l'alternative ou de manquer aux convenances en n'agissant pas comme les personnes présentes, ou de faire acte extérieur d'une religion qui n'est pas la sienne.

48. — VOYAGES — PROMENADES A CHEVAL

Le père de Victor lui exposa un jour en ces termes les bienséances relatives aux voyages et aux promenades :

« Lorsque tu es admis à voyager en compagnie d'un supérieur, sois rempli d'attentions et de prévenances à son égard, te faisant un plaisir de lui rendre service et d'aller au-devant de ses désirs. Quant à toi personnellement, il faut t'accommoder de tout et trouver tout bon : place, nourriture, heure de départ, marche, arrêt... Il n'est rien qui ne te doive agréer pourvu que ton compagnon de voyage soit satisfait.

« Si tu devais voyager à cheval en sa compagnie, tu le laisserais monter le premier et lui tiendrais l'étrier ; tu monterais ensuite, et marcherais à sa gauche de telle sorte que les deux chevaux ne fussent pas tout à fait de front ; car il faut que celui du supérieur ait au moins un pas d'avance.

« Lorsque tu voyages en voiture particulière, rappelle-toi que la première place est celle du fond à droite, et la deuxième celle du fond à gauche. Si vous êtes plus de deux, prends le rebours, et au besoin mets-toi avec le cocher.

« Laisse les autres monter en voiture avant toi, et aide-leur si ce sont des dames, des vieillards ou de petits enfants. Dans le cas où l'on t'inviterait à monter le premier, tu devrais poliment refuser. Si l'on insistait, il faudrait accepter par déférence pour ceux qui te feraient cette politesse.

« Considère une voiture comme une sorte de salon roulant, et comportes-y-toi, autant que possible, comme dans un salon ordinaire, veillant constamment sur ton maintien et tes paroles pour ne manquer en rien aux convenances.

« Quand on est arrivé au but, n'oublie pas que c'est à l'inférieur à mettre le premier pied à terre afin d'aider les autres à descendre.

« Lorsque tu montes dans un omnibus, salue la compagnie, et rends-toi à ta place en prenant garde de ne heurter personne. Si néanmoins cela t'arrivait, il faudrait adresser un mot d'excuse.

« Arrange-toi de manière à ne point gêner tes voisins. S'il y a là des gens de ta connaissance, mais éloignés de toi, salue-les sans leur parler, car il ne convient pas de converser à distance.

« Rends volontiers service aux personnes qui montent ou qui descendent, ou au conducteur en lui faisant passer le prix des places.

« A l'occasion, prends une place moindre pour céder la tienne à une dame, à un malade, à un vieillard. »

Victor est fidèle à toutes ces recommandations. Il

se dirige aussi d'après les mêmes principes lorsqu'il voyage en chemin de fer ou en bateau. On le trouve toujours prévenant et respectueux envers ses compagnons de voyage, mais réservé dans ses paroles, comme on doit l'être avec des étrangers.

Il ne parle ni de lui ni de ses parents. S'il est besoin d'ouvrir ou de fermer les glaces, il en demande la permission.

Il paraît toujours content, et ne peut concevoir l'humeur de certains voyageurs qui se plaignent pour le moindre manquement dans le service, qui n'ont jamais bonne place, bonne table, bonne chambre, et qui par là se rendent fort incommodes et manifestent bien peu de savoir-vivre.

Il s'assied convenablement, sans s'étendre sur les banquettes ni y poser les pieds.

Il évite de vanter son pays et prend bien garde de ne jamais parler défavorablement des pays qu'il visite ou qu'il a visités, appréhendant avec raison de provoquer des susceptibilités.

La fidélité à ces différentes règles lui est parfois pénible ; mais il ne s'en départ point, comprenant qu'elle n'est au fond que l'accomplissement du devoir.

49. — PARTICULARITÉS

I. — A LA BIBLIOTHÈQUE

Quand on visite une bibliothèque ou qu'on y vient travailler, il faut se rappeler que c'est un appartement consacré à l'étude, où le silence est la première règle, et ainsi n'y point parler, sinon très bas et seulement dans la nécessité. Par le même motif, il faut n'y point faire de bruit soit en marchant, soit en ouvrant ou en fermant les portes. C'est à quoi Victor est très attentif.

II. — SOIN DES OBJETS EMPRUNTÉS

Quand il emprunte un livre ou tout autre objet, il en a grand soin et le rend le plus tôt possible

Si, par accident, il l'avait endommagé, il le remplacerait par un équivalent ou un meilleur, ou du moins il en présenterait ses excuses dans les termes les plus humbles.

III. — ATTENDRE SON TOUR

Quand Victor va puiser à une fontaine publique ou faire une commission dans un magasin ou dans un bureau, il attend patiemment son tour. S'il se trouve avant lui des enfants plus jeunes, non seulement il ne cherche point à prendre leur place, mais il les aide à remplir leur seau ou à s'acquitter de leur commission, s'estimant toujours heureux de rendre service.

IV. — BONTÉ ENVERS LES ANIMAUX

Parlant à ses enfants, la mère de Victor leur avait dit : « Il ne faut point maltraiter les animaux inoffensifs ; quiconque est cruel à leur égard le sera aussi à l'égard des hommes, parce qu'on s'habitue à la cruauté comme à toute autre chose.

« Soyez bons envers les animaux domestiques : ce sont de précieux auxiliaires donnés à l'homme par la Providence. Les brutaliser est odieux et contraire à la loi naturelle et à la loi civile.

« Si vous découvrez un nid d'oiseaux utiles, n'en dites rien et n'y touchez pas. Admirez ce petit chef-d'œuvre, qui défie l'art humain. Laissez les œufs éclore ou les oisillons grossir, et prendre ensuite librement leur essor pour louer Dieu à leur manière. »

Ils aimaient à se rappeler ces recommandations et à les observer fidèlement.

V. — OBJETS REÇUS OU PRÉSENTÉS

En recevant ou en remettant un objet, Victor fait une légère et gracieuse inclination. Il évite dans ces circonstances de passer la main ou d'allonger le bras devant quelqu'un, et, s'il y est obligé, il demande pardon ou fait ses excuses.

S'il était trop éloigné de celui à qui il doit le remettre, il prierait un intermédiaire de le lui faire parvenir, ou mieux, il le lui porterait en passant par derrière la compagnie.

En présentant un objet, il a soin de le tourner dans le sens où l'on peut le plus aisément le saisir. S'il s'agit, par exemple, d'un couteau, d'une cuiller, d'un marteau,... il en dirige le bout du manche vers la personne qui reçoit.

Il se rappelle aussi qu'on ne présente jamais un pain en le tenant renversé : c'est considéré en certains pays comme une grave impolitesse.

VI. — ÊTRE RECONNAISSANT

Toute personne bien élevée remplit fidèlement et de grand cœur le devoir de la reconnaissance. C'est ce que fait Victor.

Avant tout, il dit merci au bon Dieu, le premier auteur de tout bien. Il glorifie sa paternelle tendresse; il le bénit des grâces sans nombre qu'il a reçues de sa main bienfaisante, et lui consacre en retour tout ce qu'il a et tout ce qu'il est.

Il se montre aussi très reconnaissant envers quiconque l'oblige. Chaque fois qu'on lui rend service ou qu'on lui témoigne quelque égard, il dit *merci*, en ajoutant le titre de la personne qui l'a obligé.

Ce cher enfant fait plus que de témoigner sa gratitude par des paroles : il prie pour ses bienfaiteurs et se dévoue pour eux autant que le lui permettent les circonstances.

VII. — CARTES DE VISITE

Bien que les enfants ne se servent pas de cartes de visite, il est bon qu'ils en connaissent les principaux usages.

Quand on rend une visite et que l'on ne trouve pas la personne que l'on voulait voir, on laisse sa carte après en avoir plié un angle, qui généralement est celui de dessous à gauche.

Quand on se fait annoncer dans une maison où l'on a affaire, on peut, au lieu de dire son nom, remettre sa carte au domestique pour la porter à son maître.

Entre amis intimes, on se rend visite personnellement : on n'y supplée point par l'envoi de sa carte.

S'il s'agit de personnes avec qui l'on est en bonnes relations sans être néanmoins dans l'intimité, on s'envoie sa carte dans certaines circonstances, telles que renouvellement de l'année, mariage, baptême, réussite, retour d'un long voyage.

Les cartes de visite, on le voit, sont une excellente invention : elles offrent le double avantage de satisfaire à la bienséance et d'économiser le temps.

VIII. — USAGES LOCAUX

Il y a dans chaque pays des coutumes particulières ou locales. Les parents de Victor et leurs enfants se conforment à celles de la ville où ils résident, pourvu que ces coutumes n'aient rien d'opposé aux lois de Dieu et de l'Eglise, et qu'elles soient approuvées des gens de bien, sinon ils n'y prennent aucune part.

Ainsi ils restent étrangers aux extravagances du carnaval et à toute fête profane où ne doivent pas figurer des chrétiens.

Ils veulent ne participer en rien à des usages messéants, et, si on les en blâme, ils n'en persistent pas moins dans leurs dispositions : peu leur importe l'opinion publique dès qu'elle est en contradiction avec leur conscience.

IX. — RÉUNIONS, SÉANCES

Parfois Victor et ses frères sont invités à des séances récréatives. Ils n'acceptent que s'ils sont bien sûrs qu'il ne s'y fera rien d'inconvenant. Ils demandent à leurs parents la permission d'y assister; s'ils l'obtiennent, ils partent assez tôt pour arriver avant l'ouverture de la séance.

Ils saluent en entrant et restent découverts. Ils se placent de manière à bien voir, mais sans gêner personne.

Ils se rendent attentifs à ce qui se dit ou se fait sur la scène, et évitent pendant ce temps de lire en particulier ou de causer avec leurs voisins. Ils ne prennent jamais le devant pour applaudir et ne le font que modérément. Ils ne se permettraient pas, pour mieux voir, de se tenir debout, à moins qu'ils ne soient au dernier rang.

Quand la séance est terminée, ils ne se pressent pas pour sortir, mais attendent que la foule se soit un peu écoulée. Alors ils se retirent paisibles, en se rappelant ce qui, dans ce qu'on a dit ou fait, peut être de quelque utilité pour leur instruction.

X. — IMAGES ET STATUES

Une des plus grandes inconvenances, c'est d'exposer aux regards ou d'avoir dans son domicile des images ou des statues indécentes. L'honnêteté interdit ce désordre, à plus forte raison la religion, qui ordonne de prendre toutes les précautions nécessaires pour garder la sainte vertu de pureté.

Victor se montre, sous ce rapport, de la plus grande délicatesse de conscience. Il n'a aucune gravure, aucune statuette qui ne soit très convenable.

Sa petite chambre est à ses yeux une sorte de sanctuaire, dont il est le gardien. Il est là seul avec Dieu et ses anges, et il veut que rien n'y paraisse qui soit de nature à éloigner Dieu et à contrister les esprits célestes. Non seulement il n'y souffre rien d'immodeste, mais il n'a, pour ainsi dire, que des gravures pieuses et des objets de piété, et nommément le crucifix, l'image du sacré Cœur, celle de la très sainte Vierge, de saint Joseph, un bénitier, un rameau bénit...

50. — PRÉSENTS REÇUS OU DONNÉS

I

Lorsque Victor reçoit un présent ou, comme on dit vulgairement, un cadeau, il exprime sa reconnaissance à la personne qui le lui offre, le regarde tout de suite, en témoigne de l'estime et le place dans un endroit où il puisse être vu.

Il sait qu'il serait impoli de le cacher aussitôt après l'avoir reçu, de s'y montrer indifférent, de dire qu'il a déjà cet objet, et plus encore d'en parler défavorablement en l'absence du donateur, ce qui serait tout à la fois impolitesse, ingratitude et hypocrisie.

Supposé que le don ne lui agréât pas, il ne s'en montrerait pas moins reconnaissant, parce qu'il considère non l'objet en lui-même, mais l'intention de celui qui l'offre. Toujours il s'estime heureux qu'on ait pensé à lui et cherché à lui faire plaisir.

Si le présent consiste en sucreries, il en offre aux personnes de la compagnie, en fait large part à ses sœurs et à ses frères, et en réserve pour les pauvres.

II

Parfois c'est à lui d'être le donateur. Il se souvient alors que tout présent doit être approprié aux goûts du destinataire, et qu'il vaut mieux donner moins ou même ne rien donner que d'offrir un objet qui ne serait pas agréé, ou dont on ne serait que médiocrement satisfait.

Il ne donne point ce qu'il a lui-même reçu en présent : ce serait une impolitesse envers la personne de qui il le tient et envers celle à qui il le remettrait.

Il a sa photographie, mais il ne l'envoie qu'à des parents ou des amis, et seulement s'ils la lui demandent avec quelque insistance.

Il ne vante point ce qu'il offre : ce serait mendier la reconnaissance. Si d'autres en font l'éloge, il ne dit rien ni à l'encontre ni à l'appui ; il témoigne seulement son regret que l'objet ne soit pas plus beau, pas plus en rapport avec le mérite de ceux à qui il le présente.

51. — RÉPRÉHENSIONS — BLAME — INJURES

Quand on est averti ou repris, il est de la bienséance de le recevoir en bonne part et de s'en montrer reconnaissant. Plus on se conforme à cette règle, plus on agit en homme raisonnable et en chrétien, et plus on se fait estimer des honnêtes gens.

Quelquefois la répréhension revêt un caractère agressif et devient un blâme ou même une injure. Que faire alors ? Il faut la recevoir comme si elle n'était qu'un simple avertissement, et se diriger d'après ces maximes de l'*Imitation* :

« Celui qui n'est pas intérieur et qui n'a pas Dieu devant les yeux s'émeut aisément pour une parole de blâme. Mais le juste se met peu en peine que l'on ait proféré contre lui des paroles injurieuses.

« N'ayez pas de chagrin si l'on a de vous une mauvaise opinion et que l'on dise des choses qui vous peinent. Vous devez avoir de vous-même des pensées plus désavantageuses encore.

« Etablissez solidement votre cœur dans le Seigneur, et vous ne craindrez pas les jugements des hommes lorsque votre conscience vous rend témoignage de votre innocence et de votre piété.

« Si l'on vous accuse injustement, songez qu'il doit vous être agréable de souffrir cela pour Dieu.

« Un homme patient a de quoi faire en ce monde bien avantageusement son purgatoire lorsque, étant injurié, il est plus affligé de la malice d'autrui que du tort qu'on lui fait.

« Le véritable disciple de Jésus-Christ prie volontiers pour ceux qui lui causent des traverses, et leur pardonne de bon cœur. »

Fidèle à ces principes et à ces conseils, Victor pratique la patience chrétienne.

Il souffre tout sans se plaindre et en union à Jésus souffrant. Il ne se choque de rien et prend en bonne part les paroles de blâme comme les simples répréhensions.

Si on l'injurie, il ne répond rien; il garde le calme de l'âme et en puise la force dans un élan de cœur vers Dieu. Il sait, d'ailleurs, que ne pouvoir souffrir une injure est une marque de faiblesse et de bassesse de sentiment.

Dans le cas où il verrait quelques personnes disposées à prendre sa défense, il les en remercierait, leur faisant entendre qu'il n'est nullement offensé.

Il ne conserve aucun ressentiment et se conforme à ce précepte du Sage : *Oubliez toutes les injures*. Il va plus loin : il continue d'aimer ceux qui l'ont peiné, et leur rend tous les services qui peuvent dépendre de lui, se rappelant que l'affection et les bienfaits sont la monnaie dont on achète les cœurs, et que Jésus-Christ a dit : *Aimez vos ennemis, faites du bien à ceux qui vous haïssent, priez pour ceux qui vous persécutent et vous calomnient.*

Maximes et conseils.

Celui qui hait les réprimandes méprise son âme et mourra; celui qui les reçoit bien et s'y rend docile deviendra plus sage. (Prov. xv, 5, 10.)

Que le soleil ne se couche point sur votre colère. Que toute aigreur, tout emportement, tout ressentiment soient bannis d'entre vous. (Éph. iv, 26, 31.)

Ne résistez pas en face à un insolent. (Eccl. viii, 14.)

Ne dites point : Je traiterai cet homme comme il m'a traité. (Prov. xxiv, 29.)

Ne rendez à personne le mal pour le mal; loin de vous venger, bénissez ceux qui vous persécutent. (Rom. xii, 14, 17, 20.)

Témoignez à tous la plus grande douceur. (Tite, III, 2.)

La parole douce acquiert beaucoup d'amis et adoucit les ennemis, tandis que la parole dure excite la fureur. (Eccl. VI, 5. Prov. XV, 1.)

Le patient vaut mieux que le courageux; celui qui sait se maîtriser est préférable à celui qui force des villes. (Prov. XVI, 32.)

Persévérez dans la patience, sachant souffrir en faisant le bien, et ce vous sera un mérite auprès de Dieu. (S. Jacques, V, 7. I S. Pierre, II, 20.)

52. — SUPPORT DES DÉFAUTS

Il n'y a pas grand mérite de vivre en bonnes relations avec des personnes douces, paisibles : cela plaît naturellement à tout le monde. Mais c'est l'effet d'une grâce spéciale et d'une vertu héroïque de vivre paisiblement avec des personnes dures, d'un mauvais caractère et qui nous contredisent.

Victor, en enfant bien élevé, est également un modèle sous ce rapport.

Tout d'abord il ne s'étonne pas des défauts du prochain, se rappelant que nul n'est parfait ici-bas; il s'exerce à les supporter patiemment par des motifs de raison et de religion.

Il se dit : « Il est bien juste que je supporte les imperfections des autres, puisque j'en ai un si grand nombre qu'il faut que les autres supportent. Ils ont tant à endurer de moi : pourquoi voudrais-je n'avoir rien à endurer de leur part? »

Il souffre tout de tous, car ce n'est pas être véritablement patient de ne vouloir souffrir qu'autant qu'il nous plaît et de qui il nous plaît.

Il reçoit comme venant de Dieu, qui les permet, toutes les contrariétés qui lui arrivent, et les estime un grand avantage.

Il se règle d'après cette parole de saint Paul : *Portez les fardeaux les uns des autres, et vous accomplirez la loi de Jésus-Christ.*

Ce qu'il ne peut corriger dans le prochain, il l'endure avec résignation ou ne s'en occupe point, sinon devant Dieu, le confident de toutes ses peines.

S'il a affaire à des gens susceptibles, colères, il se montre envers eux doux, prévenant, respectueux, sans proférer de plainte ni faire aucun geste d'impatience.

Se trouve-t-il en rapport avec des gens incivils, sans éducation, il veille sur lui pour ne pas les imiter, et ne répond à leurs manques d'égards que par de bons procédés.

Si, par mégarde, quelqu'un lui fait mal soit en le heurtant, soit en lui marchant sur le pied, il l'excuse et ne lui en fait aucun reproche.

Il compte pour rien ce qu'il a à souffrir des autres, tandis qu'il déplore amèrement ce qu'ils ont à souffrir de lui et travaille à s'en corriger.

Aussi est-il en paix avec tout le monde, et peut-on lui appliquer cette parole de Jésus-Christ : *Bienheureux les pacifiques, parce qu'ils seront appelés les enfants de Dieu.*

Maximes et conseils.

Conservez toujours la charité entre vous; supportez les faibles, soyez patients envers tous. (Hébr. XIII, 1. I Thess. V, 14.)

La charité est patiente, douce, bienfaisante; elle endure tout et souffre tout. (I Cor. XIII, 4, 7.)

Supportez-vous les uns les autres avec charité; travaillez avec soin à conserver l'union par le lien de la paix. (Éph. IV, 2, 3.)

Ne considérez point la faute de votre frère. (Eccl. XXXVIII, 9.)

Ayez en toute rencontre une patience et une douceur accompagnées de joie, et que la paix règne en vos cœurs. (Col. I, 11; III, 15.)

Que chacun remette aux autres tout sujet de plainte, vous entre-pardonnant comme Jésus-Christ vous a pardonné. (Col. III, 13.)

63. — ÉTAT DE PAUVRETÉ

La bonne conduite et les manières polies ne sont point une garantie contre l'infortune. On peut être excellent chrétien et fidèle observateur des règles de la bienséance ou de la politesse, et se voir néanmoins réduit à la gêne et même à l'indigence.

Que ferait Victor s'il se trouvait dans cet état ?

Il supporterait la pauvreté par motif de religion, se souvenant surtout que Jésus-Christ a été pauvre au point de n'avoir pas où reposer la tête, et qu'il a dit : *Heureux les pauvres en esprit, car le royaume des cieux leur appartient.*

Il ne solliciterait de secours que selon ses besoins, et le ferait en termes très humbles et très respectueux.

Il témoignerait une cordiale reconnaissance aux personnes qui lui viendraient en aide, et prierait Dieu de récompenser leur générosité en les comblant de ses bénédictions.

Il ne s'arrêterait à aucun sentiment de jalousie contre les riches, se rappelant que l'inégalité de condition est conforme à l'ordre établi par la Providence.

Toutefois il ne négligerait aucun moyen légitime de sortir de l'état de pauvreté : il s'ingénierait pour trouver du travail et s'y adonnerait autant que ses forces le lui permettraient; il économiserait le plus possible, afin d'arriver à se créer un petit capital.

En continuant dans la même voie, il parviendrait à la médiocrité, peut-être à l'aisance et même à la richesse. Mais alors il se rappellerait souvent d'où il est parti, et il en prendrait sujet de se conserver humble, d'avoir beaucoup de compassion pour les pauvres et de remercier le bon Dieu d'avoir bien voulu bénir ses efforts.

Maximes et conseils.

Soyez patients dans les maux et persévérants dans la prière. (Rom. xii, 12.)

La prière du pauvre s'élèvera de sa bouche jusqu'aux oreilles de Dieu. (Eccl. XXI, 6.)

Peu avec la crainte de Dieu et la justice vaut mieux que de grands biens avec l'iniquité. (Prov. XV, 16; XVI, 8.)

Tout contribue au bien de ceux qui aiment Dieu (Rom. VIII, 28.)

La pauvreté et les richesses viennent de Dieu. (Eccl. XI, 14.)

Jésus-Christ étant riche s'est rendu pauvre pour l'amour de nous. (II Cor. VIII, 9.)

Il a dit de lui par son prophète : *Je suis pauvre et dans les travaux dès ma jeunesse.* (Ps. LXXXVII, 16.)

Il a choisi ceux qui étaient pauvres en ce monde pour être héritiers du royaume qu'il a préparé à ceux qui l'aiment (S. Jacques, II, 5.)

54. — PRATIQUE DE LA CHARITÉ

Dieu est charité, dit saint Jean. Les chrétiens, étant enfants de Dieu, doivent avoir la charité pour caractère distinctif, selon que l'enseigne Jésus-Christ, disant à ses apôtres : *La marque à laquelle on vous reconnaîtra pour mes disciples, c'est si vous vous aimez les uns les autres. Aimez-vous comme je vous ai aimés.*

C'est pourquoi, en enfant chrétien et bien élevé, Victor s'applique tout particulièrement à la pratique de cette vertu.

Sa foi lui montre dans les malheureux, quels qu'ils soient, des membres souffrants de Jésus-Christ, et cette pensée lui inspire à leur égard le respect, la compassion et le dévouement.

Jamais il ne plaisanterait au sujet d'un défaut corporel du prochain « Eh quoi ! se dit-il, cet homme, cet enfant... n'est-il pas assez affligé d'être borgne, bossu, boiteux... ? Quelle barbarie et quelle lâcheté de le rendre plus malheureux encore en se raillant de son infirmité ! »

S'il est témoin des extravagances d'un fou, il n'en éprouve qu'une douloureuse pitié, et en prend occasion d'élever sa pensée vers Dieu. Il se dit en lui-même : « Quel malheur d'avoir perdu la raison, qui est, après l'état de grâce, le plus grand bien de l'homme ici-bas! Si je jouis de mes facultés, je dois en rendre grâces à Dieu et le prier de me les conserver ; car, hélas ! rien ne m'assure que le sort de ce fou ne sera pas un jour le mien. »

Victor aime les pauvres et les aide selon ses moyens, en pensant que c'est Jésus-Christ qu'il assiste en leur personne.

Il sait que les secourir est un moyen efficace de salut ; que l'aumône faite en vue de Dieu efface les péchés, affaiblit les convoitises et les autres passions, et obtient les grâces les plus précieuses.

Dans la générosité de son cœur, il voudrait être à même de remédier à toutes les misères, en sorte de pouvoir dire avec Job : *Je suis l'œil de l'aveugle et le pied du boiteux.*

En compagnie de ses parents, ou du moins avec leur permission, ce charitable enfant se plaît à visiter les familles indigentes. Combien il est ému à l'aspect d'enfants de son âge souffrant du froid et de la faim, ou de malades et de vieillards qui manquent du nécessaire! Il leur remet tout ce qu'il peut raisonnablement donner, et accompagne son aumône de bons procédés et de paroles aimables, sachant que rien ne console le malheureux comme de se voir traité avec égards, bonté et bienveillance.

Quand il sera devenu homme, il multipliera ses visites de charité et fera chaque fois l'aumône en véritable chrétien, avec ce respect, cette tendresse, cette amabilité qui met plus de baume au cœur de l'infortuné que ne lui cause de satisfaction la pièce de monnaie déposée dans sa main. Il sera rempli de délicatesse envers les pauvres honteux, qui, sous les apparences du bien-être, endurent souvent les plus rudes privations. Il s'enrôlera aussi dans les sociétés de charité et en sera l'un des membres les plus actifs et les plus zélés.

Dès maintenant il s'ingénie pour accroître ses ressources : il n'achète rien de superflu et se prive de friandises, s'estimant heureux de pratiquer la mortification pour avoir de quoi assister les indigents; il ménage ses vêtements, pour les leur faire parvenir en assez bon état; il est attentif et soigneux au sujet de ce qui pourrait se gâter ou se perdre, et le met en réserve pour leur en faire part.

Il demande à ses parents d'être le distributeur des aumônes de la famille.

Sachant que Dieu considère moins ce que l'on fait que le motif pour lequel on le fait, il pratique la charité principalement en vue de plaire à Jésus-Christ et de lui obéir. En donnant, il ne cherche point à exciter la reconnaissance; il s'attend même à l'ingratitude, et n'en est pas moins disposé à exercer la charité. La seule récompense qu'il ambitionne, c'est d'être béni de Dieu et de pouvoir se dire, dans l'intime de la conscience : « J'ai fait mon devoir. »

Il n'appréhende pas de donner beaucoup, se souvenant que les pauvres sont les amis de Dieu, et que leur faire l'aumône, c'est prêter à Dieu même.

Outre son argent, Victor donne dans l'occasion son temps et ses services. Ainsi il se fait un plaisir de guider un aveugle, d'aider un vieillard à porter un fardeau, de donner le bras à un convalescent, de quêter pour une bonne œuvre... Volontiers il se constituerait l'infirmier d'un pauvre malade, lors même qu'il lui faudrait pour cela surmonter les plus grandes répugnances.

S'il survient un incendie, une inondation, un malheur public, il se dévoue autant que le lui permettent ses forces et la prudence, convaincu que, dans ces douloureuses circonstances, la charité chrétienne doit s'élever jusqu'à l'héroïsme.

Il ne limite pas l'exercice de sa charité aux misères dont il peut être le témoin. Il pense entre autres à celles des nations encore infidèles, et en particulier au sort des enfants qu'on y expose sur la voie publique ou qu'on vend comme un vil bétail, et il se fait zélateur des œuvres de la Propagation de la foi et de la Sainte-Enfance.

Sa charité est tout à la fois pure dans ses motifs, généreuse dans sa pratique, universelle dans son objet. Elle est, en outre, exempte d'ostentation, selon cette recommandation de Jésus-Christ : *Ne faites pas vos actions pour être vus des hommes... Quand vous donnez l'aumône, que votre main gauche ignore ce que fait votre main droite; et votre Père céleste, qui voit ce qui est caché, vous en récompensera.*

Maximes et conseils.

La charité et les bonnes œuvres ont leur source en Dieu. (Eccl. xi, 15.)

Celui qui a pitié du pauvre prête à Dieu même, qui l'en récompensera. (Prov. xix, 17.)

Souvenez-vous d'exercer la charité; c'est un moyen de vous rendre Dieu favorable. (Hébr. xiii, 16.)

Donnez à celui qui vous demande. (Matth. v, 42.)

Ouvrez votre main à l'indigent : votre aumône priera pour vous et sera votre défense. (Eccl. vii, 36; xxix, 15.)

Faites l'aumône de bon cœur, selon que vous le pouvez : Dieu aime celui qui donne avec joie. (Eccli. xiv, 13. I Tim. vi, 18. II Cor. ix, 7.)

Mon fils, ne mêlez point de reproches ni de paroles désobligeantes au bien que vous faites. Répondez au pauvre favorablement et avec douceur : souvent la parole douce vaut mieux que le don lui-même. (Eccl. iv, 3; xviii, 15, 16.)

Le juste est miséricordieux et compatissant. (Prov. xiii, 13.)

N'être bon qu'à soi, c'est n'être bon à rien.

On doit des malheureux respecter la misère. (CRÉBILLON.)

Mieux vaut s'exposer à l'ingratitude que de manquer aux malheureux. (LA BRUYÈRE.)

Si tu veux que Dieu écoute ta prière, écoute celle des nécessiteux.

55. — SERVICES FUNÈBRES

La bienséance a des règles pour les jours de douleur, aussi bien que pour les jours de joie. Voici les principales :

En fait de deuil, il faut se conformer aux usages du

pays. On peut librement prolonger un deuil, mais on ne doit jamais l'abréger.

On distingue le grand deuil, qui se porte pour les parents les plus rapprochés, et le deuil ordinaire, qui se porte pour les oncles, les tantes et les cousins germains.

A la mort d'un membre de la famille, on adresse une lettre de faire part aux parents, amis et connaissances, ou bien on les en instruit par un envoyé exprès.

La lettre de faire part est bordée de noir; elle contient les noms des parents du défunt, son nom et son âge, mais sans aucune désignation de titre, l'indication qu'il a reçu les sacrements de l'Église, à moins qu'il n'ait pas eu ce bonheur, le degré de parenté de chacun de ceux qui font part, et l'heure précise du service funèbre.

Chaque invité par lettre assiste à l'enterrement. Si ses affaires, son éloignement ou sa santé ne le lui permettent pas, il envoie une lettre ou sa carte à celui de qui il a reçu l'invitation.

Les lettres de faire part s'envoient même aux ennemis; car toutes les haines font trêve en présence de la mort. Dans le cas où une personne aurait eu de graves difficultés avec le défunt, il conviendrait qu'elle assistât à son service funèbre sans même y avoir été invitée, et qu'elle écrivît une lettre de condoléance à la famille.

La mort, toute triste qu'elle est, a parfois cette heureuse suite de faire cesser les rancunes, les divisions et les haines, et d'opérer le rapprochement des cœurs.

Il faut, quand on assiste à un convoi, être exact à l'heure indiquée ou la devancer, avoir des vêtements sombres ou noirs, marcher tête nue derrière le corps en silence, à moins que l'usage ne tolère de se couvrir et d'échanger quelques paroles à voix basse, se tenir à l'église comme il convient à des chrétiens, et accomplir pieusement les cérémonies propres à l'assistance.

En général, on accompagne jusqu'au cimetière.

Quand celui-ci est très éloigné, on peut se retirer au sortir de l'église si le défunt n'est point un proche parent, un ami intime ou un supérieur immédiat.

Au cimetière, on garde le plus profond silence. A moins de circonstances particulières et fort rares, il ne convient pas d'y faire de discours; car la véritable affliction est muette.

A la sortie du cimetière, on salue les membres de la famille réunis près de la porte. Si l'on est dans l'intimité avec l'un d'eux, on lui serre la main en signe de condoléance et de sympathie.

Dans beaucoup de villes, après avoir assisté aux funérailles, on porte sa carte chez la personne par qui l'on a été invité, ou bien l'on s'inscrit sur un registre destiné à cette fin.

Victor se conforme à celles de ces différentes règles qui peuvent le concerner. Mais il ne s'en tient pas à leur pratique extérieure.

Ainsi en arrivant devant le cercueil exposé, il ne se borne pas à l'asperger d'eau bénite, il s'agenouille si on le peut facilement, et prie pour le repos de l'âme du défunt.

A l'église, il récite les prières prescrites ou conseillées et s'unit d'intention au célébrant.

Au cimetière, il ranime sa piété; et après avoir de nouveau prié pour le défunt, il se laisse aller aux graves pensées que suggère le spectacle qu'il a sous les yeux. « Un jour, bientôt peut-être, se dit-il, on inhumera mon corps dans ce champ bénit. Heureux si alors mon âme a trouvé grâce devant le souverain Juge, et a été admise au séjour de l'éternelle vie ! »

53. — CONDUITE A L'ÉGLISE

L'église est une maison de prière ; c'est le palais du Roi des rois, la demeure de Jésus-Christ présent dans l'Eucharistie. Aussi tout enfant chrétien et bien élevé témoigne-t-il pour elle le plus profond respect.

Quand Victor doit se rendre à l'église, il se vêt

d'habits convenables, comprenant qu'il serait messéant de paraître en négligé dans le lieu saint. Il part assez tôt pour arriver avant le commencement des cérémonies.

En entrant, il prend du bout des doigts de l'eau bénite ; s'il conduit un vieillard ou quelque autre personne, il lui en présente. Il fait pieusement le signe de la croix, demandant intérieurement à Dieu de le purifier de ses fautes et ranimant sa foi à Jésus présent au saint tabernacle.

Il se rend à sa place sans précipitation et sans bruit, et fait une génuflexion ou une inclination en passant devant le maître-autel.

S'il y a foule, il évite de pousser pour se frayer un passage, et préfère rester dans les bas-côtés ou au fond de l'église.

S'il rencontre quelqu'un de sa connaissance, il le salue d'un léger signe de tête, mais sans lui parler, témoignant par cette réserve qu'il est pénétré de la sainteté du lieu où il se trouve.

S'il arrivait quand la cérémonie est commencée, il resterait près de la porte, à moins qu'il puisse se rendre à sa place ordinaire sans occasionner de dérangement.

Quand il a le choix de sa place, il se met en un endroit favorable pour bien voir le prêtre à l'autel et entendre aisément la parole de Dieu.

S'il dispose de deux chaises, il en offre une à la personne qui n'aurait pu s'en procurer, et cède même la sienne à un vieillard ou à un infirme, se rappelant qu'on ne saurait avoir trop d'égards pour l'âge avancé et le malheur.

Il sait néanmoins que lorsqu'on a payé sa place on peut la garder, alors même que des personnes recommandables seraient près de nous sans être assises.

Son maintien est grave sans affectation. Tout son extérieur manifeste sa piété et contribue à édifier les fidèles. Il ne regarde pas de côté et d'autre, et ne se préoccupe que de ce qui se passe à l'autel ou de ce qui se dit en chaire.

Ordinairement il s'aide d'un livre pour suivre l'office. Il est attentif à se tenir assis, debout ou à genoux selon que le prescrit la liturgie.

S'il chante au chœur ou avec le peuple, Victor prend un ton convenable, veillant à ne point crier, à bien harmoniser sa voix, à n'aller ni trop vite ni trop lentement.

Il s'abstient, autant que possible, de tousser, de cracher ou de se moucher, surtout pendant le prône et après l'élévation. Si le besoin est par trop impérieux, il prend des précautions pour ne point faire de bruit.

Quand le prêtre est en chaire, il lui prête une religieuse attention, le considérant comme le représentant de Dieu, chargé d'expliquer sa parole. Il fait une légère inclination de tête chaque fois qu'il l'entend prononcer le saint nom de Jésus.

Quand on distribue le pain bénit, il pense que c'est une image de l'Eucharistie, qu'il a été sanctifié par les prières de l'Église, et que la distribution qui en est faite est un symbole d'union entre les chrétiens. Il attend qu'on lui en présente, en prend peu et avec respect, et ne le porte à sa bouche qu'après avoir fait le signe de la croix.

Quand les personnes qui font la quête s'adressent à lui, il donne de bon cœur selon qu'il le peut; mais, qu'il donne ou non, il salue toujours par une légère inclination de tête.

Lorsqu'on fait la procession, il garde son rang et marche d'un air recueilli, comme il convient pour une cérémonie sainte. S'il ne peut se joindre au cortège, il se tient à l'écart et découvert tout le temps que dure le défilé.

Quand l'office est terminé, il ne se hâte pas pour sortir de l'église : il attend au moins que le prêtre soit rentré dans la sacristie, et consacre ce temps à une prière d'action de grâces.

S'il va visiter une église, il choisit une heure où l'on n'y célèbre pas d'office. Après avoir prié quelques instants, il examine les objets les plus dignes d'attention, mais sans parler, sinon rarement, à voix basse et en peu de mots.

Il sent de lui-même combien il est contraire non seulement à la religion, mais à la bienséance, de se promener dans le lieu saint, d'y regarder étourdiment de côté et d'autre, d'y avoir un air dissipé ou un maintien nonchalant, d'y donner le bras à quelqu'un, d'y causer ou rire, d'y tousser ou se moucher de manière à distraire l'assistance, de s'y tenir assis quand on doit être debout ou à genoux, de dormir pendant le sermon.

Ce pieux enfant considère comme un devoir des plus chers à son cœur de visiter Jésus-Christ, qui s'est fait pour nous prisonnier d'amour en son sacrement adorable. Il ne conçoit pas que des chrétiens soient exacts à rendre les visites en usage dans le monde et laissent seul dans son tabernacle l'Emmanuel, qui est pour nous le père le plus tendre, l'ami le plus aimant, le bienfaiteur le plus généreux.

Il cherche à lui présenter une compensation en se tenant recueilli en sa présence, et en le priant de toute l'ardeur de son cœur.

En résumé, on peut dire que sa conduite manifeste le plus religieux respect pour la maison de Dieu et les augustes cérémonies qui s'y accomplissent, et qu'elle témoigne de sa part la foi la plus vive et l'amour le plus ardent envers Jésus-Christ dans l'Eucharistie.

57. — LA PREMIÈRE COMMUNION

L'acte le plus important, le plus solennel, le plus décisif de l'enfance est la première communion, qui marque l'entrée dans l'adolescence, et qui a des conséquences décisives pour la vie entière.

L'enfant bien élevé dans les principes de la religion et les règles de la bienséance apporte à cette grande action tout le respect qu'il lui est possible, et en même temps toute la joie paisible qu'elle comporte.

Victor nous en est encore un exemple. Depuis l'instant où le catéchiste lui a dit qu'on l'admettait à faire sa première communion, ce cher enfant se pénètre de la grandeur et de la sainteté de l'hôte divin qu'il va recevoir en son cœur. « Si je devais être visité, se dit-il, par un souverain de la terre, que ne ferais-je pas pour le bien recevoir? Et voici que je vais être visité par le Roi du ciel ! »

Il se guide pour sa préparation d'après les conseils de son confesseur, du catéchiste et de ses pieux parents.

S'inspirant de la foi seule, il ne se préoccupe que de recevoir en parfaites dispositions l'adorable Eucharistie.

Il se conforme, pour l'extérieur, aux usages locaux. Ainsi, comme cela se pratique presque partout, il va, la veille, s'agenouiller devant ses parents, pour leur demander pardon de toutes ses fautes à leur égard et les prier de le bénir.

Il demande également pardon à toutes les personnes de sa parenté ou du voisinage qu'il aurait pu offenser. Le soir, il se lave la bouche avec soin, craignant que, s'il le faisait le matin, il n'avalât quelques gouttes d'eau qui rompraient le jeûne eucharistique.

Dès son lever, il dirige sa pensée et son cœur vers Jésus en son divin sacrement.

Il revêt ses habits les plus propres, et prend bien garde de ne se laisser aller à aucun sentiment de vanité.

S'il était pauvre, il se résignerait sans peine à être moins bien vêtu que les autres communiants, se souvenant qu'aux jours de sa vie mortelle Jésus a été pauvre et a manifesté pour les déshérités des biens de ce monde un amour de prédilection.

Victor est doublement heureux de voir ses parents l'accompagner non seulement à l'église, mais à la table sainte, comme c'est l'usage dans un grand nombre de familles chrétiennes.

Il porte son cierge avec précaution, afin de ne point tacher ses habits ni ceux des autres communiants.

Il se rend à la sainte table de la manière qu'on lui a

indiquée. Il agit de même pour s'en retourner. Arrivé à sa place, ce modèle de piété se recueille plus profondément pour adorer et remercier le divin Sauveur, qui a daigné venir à lui, et pour implorer sa bonté.

C'est surtout pendant son action de grâces qu'il s'acquitte du devoir de la reconnaissance envers ses parents et ses bienfaiteurs, suppliant Notre-Seigneur de les combler de ses bénédictions.

La cérémonie du matin terminée, Victor revient dans la famille, portant sur sa physionomie les signes d'une joie calme et profonde. Il se réjouit; mais, selon la parole de saint Paul, il se réjouit *dans le Seigneur,* et évite la dissipation.

A table, où il occupe ce jour-là une place honorable, il se montre gai, ouvert, mais sans être bruyant. Le repas de famille lui rappelle, bien loin de lui faire oublier, le repas spirituel auquel il a pris part.

Toute la journée il fait en sorte, par ses prévenances, de rendre les autres participants de son bonheur. Il n'oublie point les pauvres, en qui la foi lui découvre Jésus lui-même, dont ils sont les représentants et les amis.

A la rénovation des vœux du baptême, il se rend attentif à la formule qu'il prononce, la considérant comme une parole d'honneur et de conscience, à laquelle il doit rester fidèle jusqu'à la mort.

Il se montre très reconnaissant envers messieurs les ecclésiastiques qui ont contribué à lui procurer le bonheur de participer au divin banquet, ainsi qu'envers les autres personnes qui ont concouru à sa préparation.

Jusqu'à sa mort, il portera gravé en son cœur le souvenir de ce beau jour.

Surtout il veillera sur sa conduite, afin de conserver sans tache la robe d'innocence dont son âme a été revêtue, et d'être admis à s'approcher souvent du sacrement auguste, qui fait la véritable force et le plus grand bonheur de l'homme durant l'exil d'ici-bas.

58. — CONDUITE RELATIVE A LA RELIGION

Rien n'est plus digne de respect que notre sainte religion et ce qui s'y rapporte. Victor en est profondément convaincu, et s'en souvient en toutes circonstances.

Il vénère les saints noms de Dieu et de Jésus, et fait une légère inclination quand il les prononce ou les entend prononcer. Si quelqu'un les profane en jurant ou en blasphémant, il en éprouve une vive peine, et récite intérieurement une prière en esprit de réparation.

A moins d'infirmité, il dit ses prières à genoux, excepté le bénédicite et les grâces, et certaines oraisons jaculatoires qui lui sont familières ou suggérées par l'occasion.

Quand il assiste à la prière en commun à la paroisse, à l'école ou dans la famille, non seulement il prend garde de ne pas rester muet, mais il est attentif à prononcer toutes les paroles distinctement, sans précipitation et d'une voix modérée, manifestant par son accent et sa tenue la piété de son cœur.

Il apprécie par-dessus tout sa foi, et le montre par ses actes. Il ignore le respect humain, ne craint pas de faire le signe de la croix devant les autres, et n'est jamais détourné de son devoir par les railleries qu'il pourrait entendre.

Il aime d'un amour filial et dévoué notre mère la sainte Église, et se glorifie de sa qualité de chrétien.

Il professe un culte de religieuse vénération pour notre saint-père le Pape, le vicaire de Jésus-Christ et le plus auguste représentant de Dieu sur la terre, et après lui pour les évêques en communion avec le saint-siège.

Ce pieux adolescent se montre aussi très respectueux envers les ecclésiastiques, non seulement parce que la politesse le prescrit, mais surtout à cause de leur caractère sacré et de la mission de salut que Dieu leur a confiée. Il se découvre chaque fois qu'il les rencontre, quand même ils lui seraient inconnus. Il ne parle d'eux que pour en dire du bien. Si on les dénigre devant lui, il prend leur défense, et s'il ne le peut, il manifeste combien le peinent ces propos outrageants et parfois sacrilèges, et il se sépare de ceux qui se les permettent.

Il fait tout son possible pour réjouir le cœur des prêtres au zèle de qui la Providence l'a confié : il écoute avec docilité leurs instructions et leurs avis, et y conforme exactement sa conduite.

Dans la mesure où il le peut, il se fait leur auxiliaire; c'est ainsi, par exemple, qu'il aide les enfants avec lesquels il est en rapport à apprendre le catéchisme.

Victor s'estime heureux et très honoré de remplir les fonctions d'enfant de chœur, et veille à s'en acquitter avec toute la modestie et la dignité qu'elles réclament. Il agit de même lorsqu'il fait partie de la maîtrise, s'appliquant à chanter avec une pieuse harmonie les louanges de Dieu, à qui il a consacré sa voix et son cœur.

Il donne à chacun des membres de la hiérarchie catholique le titre qui lui convient. C'est ainsi qu'il dit : « Notre saint-père le Pape, » ou : « Sa Sainteté. » — « Son Éminence le Cardinal. » — « Sa Grandeur M⁰ʳ l'Évêque. » — « Monsieur le Curé, Monsieur l'Abbé. »

A un religieux il dit : « Mon révérend Père, » à une religieuse, « Ma Sœur, » ou : « Madame. »

Au confessionnal, il dit toujours : « mon Père. »

Comme nous l'avons indiqué plus haut, Victor se découvre en passant devant une église, une croix, une madone, ou près d'un cimetière, et récite intérieurement une courte prière.

S'il rencontre un prêtre portant le saint Viatique, il s'agenouille pour adorer Jésus-Christ en son sacrement d'amour, et s'il ne le peut à cause de la boue, il fait au moins une profonde inclination. Il se joint au pieux cortège si c'est l'usage dans la localité, et, chemin faisant, il prie pour le malade.

Il respecte en toutes circonstances la parole de Dieu. Ainsi il ne se permettrait jamais de citer sous forme de plaisanterie un passage de la sainte Écriture, ni une parole dite en chaire.

Il ne néglige non plus aucune occasion de témoigner son respect pour les personnes consacrées à Dieu : il salue affectueusement les religieux et les religieuses, les considérant comme les auxiliaires de l'Église, et se rappelant avec émotion leur dévouement à Dieu et à l'humanité faible ou souffrante.

S'il était invité à tenir un enfant sur les fonts baptismaux, il n'accepterait que sur le conseil de son père et de sa mère. Il se rappellerait que le but de l'Eglise, en prescrivant de donner au nouveau-né un parrain et une marraine, est de lui assurer des protecteurs, qui au besoin suppléent les parents, et qui fassent tout ce qu'il leur est possible pour qu'il vive en bon chrétien.

L'usage impose des obligations qui varient selon les pays et les conditions : en général, le parrain et la marraine font un présent à la mère de l'enfant; à l'église, le parrain adulte fait toutes les dépenses nécessaires. Dans cette occasion, Victor se conduirait de la manière la plus convenable.

S'il arrivait qu'il fût forcé d'avoir des relations d'affaires avec des gens irréligieux, il se limiterait à l'indispensable, se précautionnerait pour ne point participer à leurs sentiments et prierait pour leur conversion.

La piété dont il est animé est vraie, et par cela même aimable; aussi lui concilie-t-elle l'estime de gens même irréligieux. Ils ne peuvent se défendre d'un sentiment d'affection en voyant sa douce physionomie, son sourire si franc et si naturel, son regard limpide, où se lit la candeur de l'innocence, et en le trouvant toujours gracieux et serviable.

Non seulement cette vertu n'ôte rien à ses qualités naturelles, mais elle y ajoute un parfum céleste.

En se rappelant les différents traits de la conduite

de Victor, on se sent porté à lui dire : « Heureux enfant ! soyez toujours éminemment pieux ; c'est le moyen de vous assurer, avec l'estime des honnêtes gens, la continuelle assistance de la grâce, par laquelle vous vous rendrez de plus en plus conforme à Jésus-Christ, jusqu'à ce que cette ressemblance vous ouvre la porte du ciel. »

FIN

Milton Keynes UK
Ingram Content Group UK Ltd.
UKHW032139140224
437844UK00009B/914